中華傳統美德壹百句

国务院参事室　中央文史研究馆　编

人民出版社

学术顾问

目 录

溪山行旅图

【宋】范宽　绢本水墨　206.3cm×103.3cm

台北故宫博物院藏

北宋初期范宽的名作《溪山行旅图》，描绘了高山大川与山间驮运的人骑，着意显现巍巍高山『远望不离座外』的雄伟崇高之感，突出表现了对大自然的由衷敬畏，同时也展现了人类作为自然一部分在其中的自强生息及其与自然的和谐相处。作品体现了早期山水画『以形媚道』的传统。

【第一章】

自强

韩天衡　篆刻

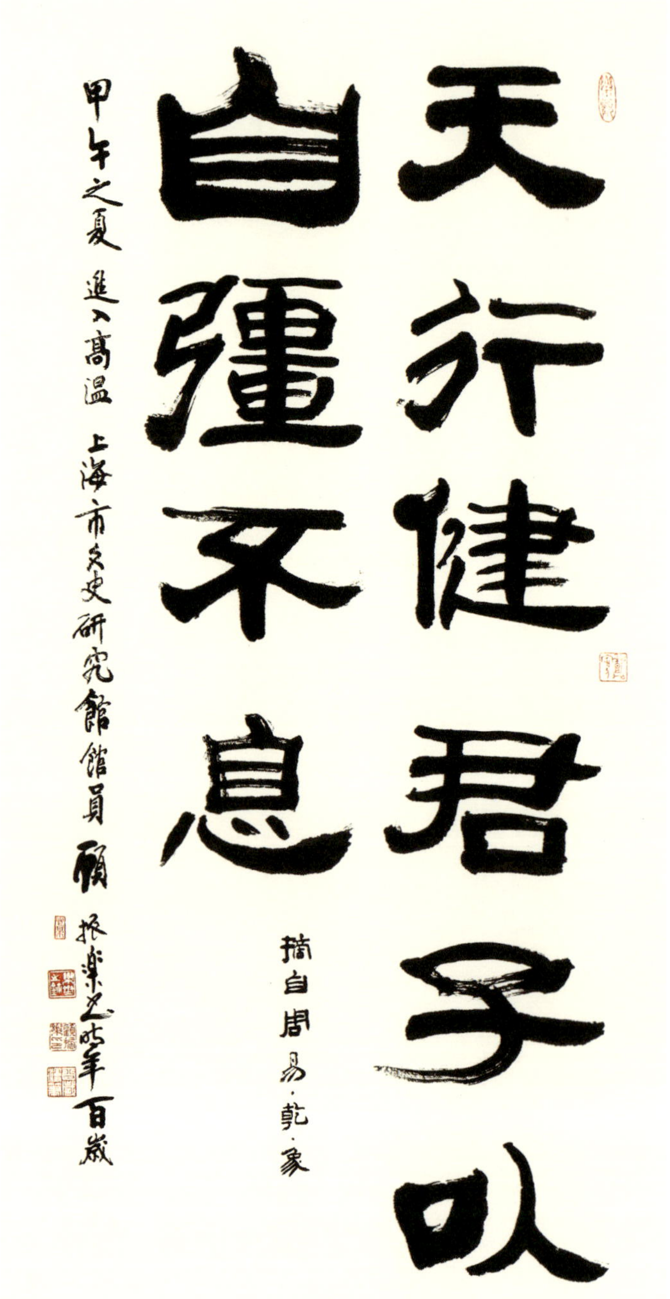
天行健君子以
自彊不息
摘自周易·乾·象
甲午之夏 進入高温 上海市文史研究館館員 顧振樂
時年百歲

顾振乐 书

天行健①，君子以②自强不息③。

（《周易·乾·象》）

【注释】

①天行健：乾卦象征天象，乾有刚健之义。

②以：因此，像这样。

③自强不息：自我图强，永不止息。

【解读】

天象的运行刚健不息，君子应当效仿天象，奋发图强，永不停息。

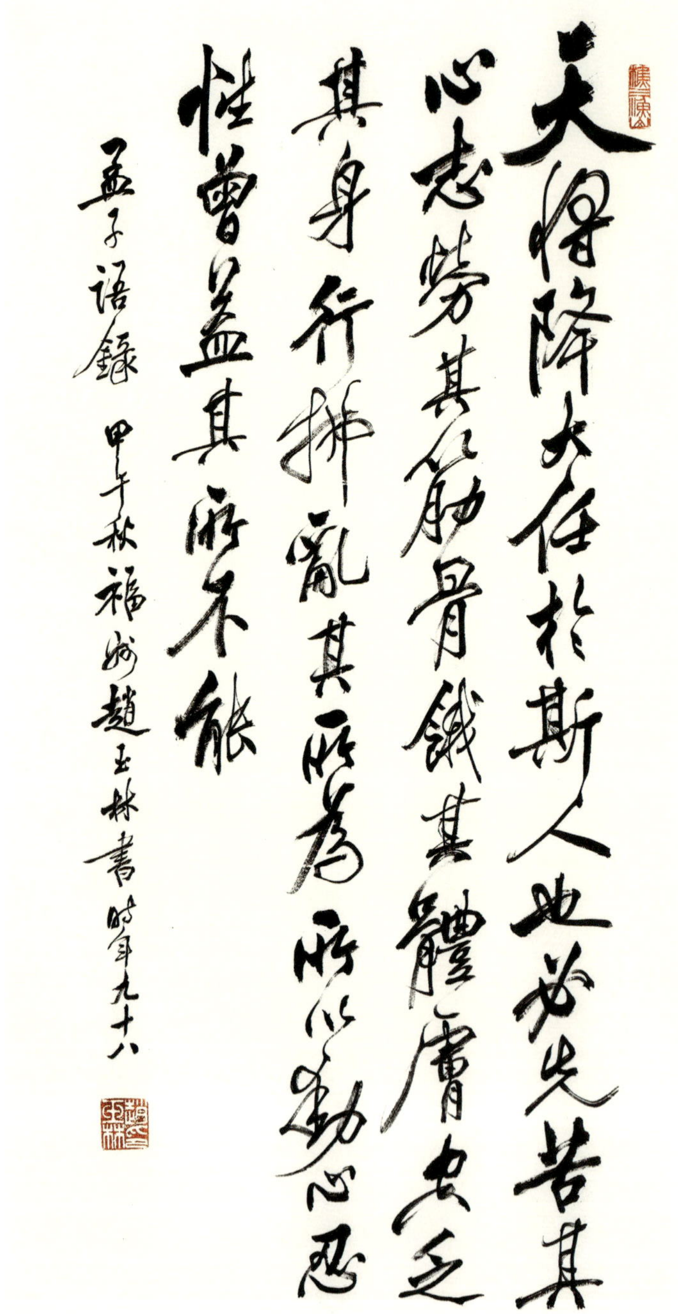
天將降大任於斯人也必先苦其
心志勞其筋骨餓其體膚空乏
其身行拂亂其所為所以動心忍
性曾益其所不能
孟子語錄 甲午秋福州趙玉林書時年九十八

赵玉林 书

天将降大任于斯①人也，必先苦其心志，劳其筋骨，饿其体肤，空乏其身，行拂②乱其所为，所以动心忍性，曾③益其所不能。

（战国孟子语，《孟子·告子下》）

【注释】

①斯：这个。有些版本作“是”。

②拂：违背、违逆。

③曾（zēng）：同“增”，增加。

【解读】

上天要将重大的责任赋予这个人，必然让他心志困苦，筋骨劳累，身体饥饿，备受穷困，使他的志行受到磨炼；通过这些，激发他的意志，坚定他的品性，增加他原本不具备的才能。

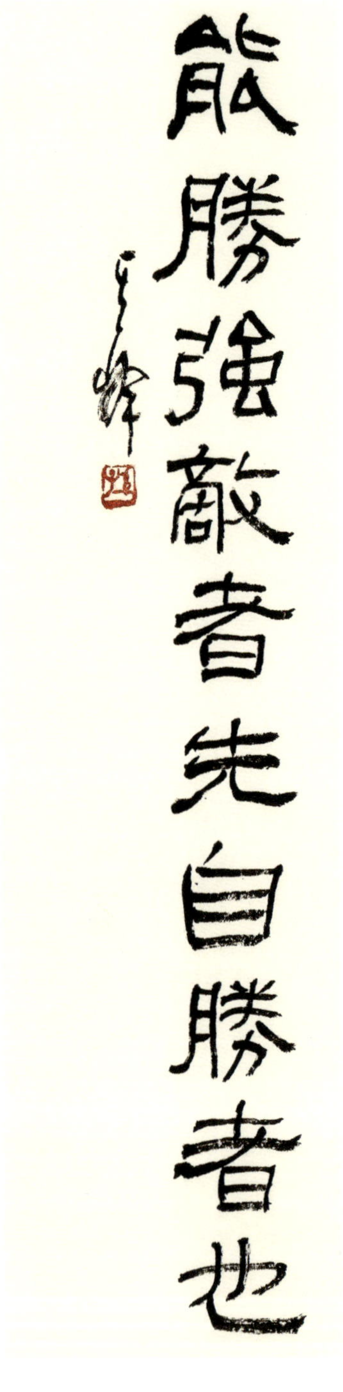

孙其峰 书

能胜强敌者，先自胜①者也。

（战国商鞅语，《商君书·画策》）

【注释】

①自胜：战胜自己的私心。

【解读】

能够战胜强敌的人，自己先克服私心。

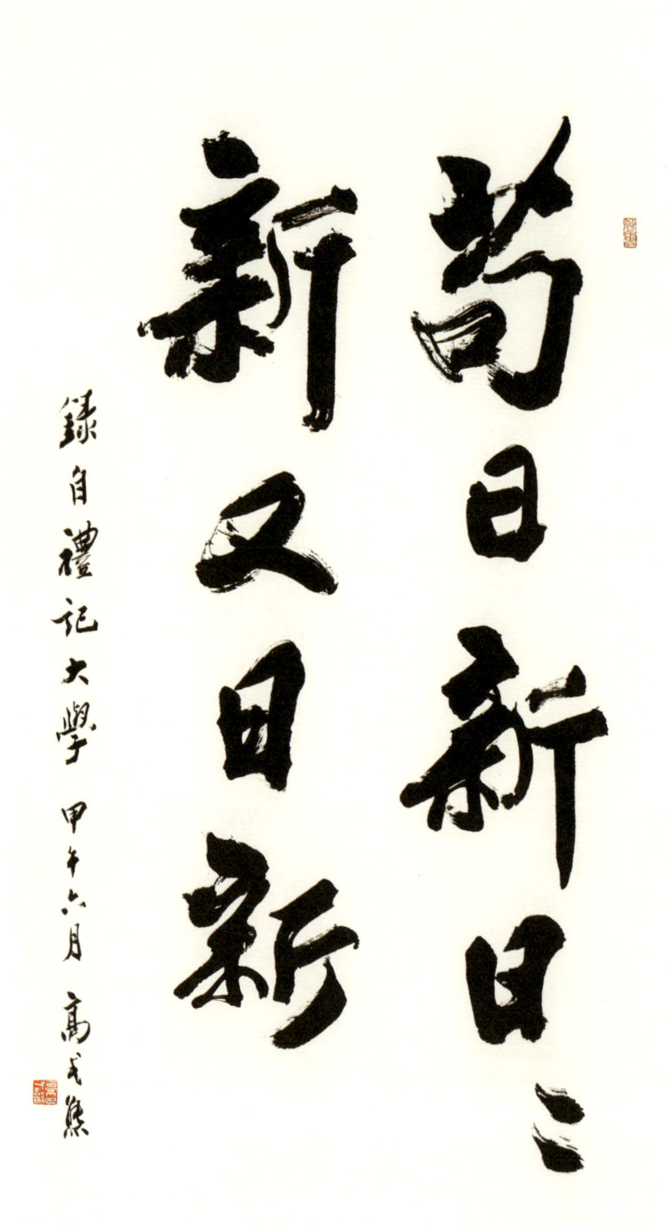
苟日新日〻
新又日新
録自禮記大學 甲午六月 高式熊

高式熊 书

苟[1]日新，日日新，又日新。

（商汤《盘铭》铭文，《礼记·大学》）

【注释】

①苟：诚。

【解读】

诚能一天洗涤污垢，焕然一新，在道德上成为一个新人，那么就应该天天求新，自我完善，永远做道德的新人。后人将此句的意思引申为倡导与时俱进、不断变革、追求创新。

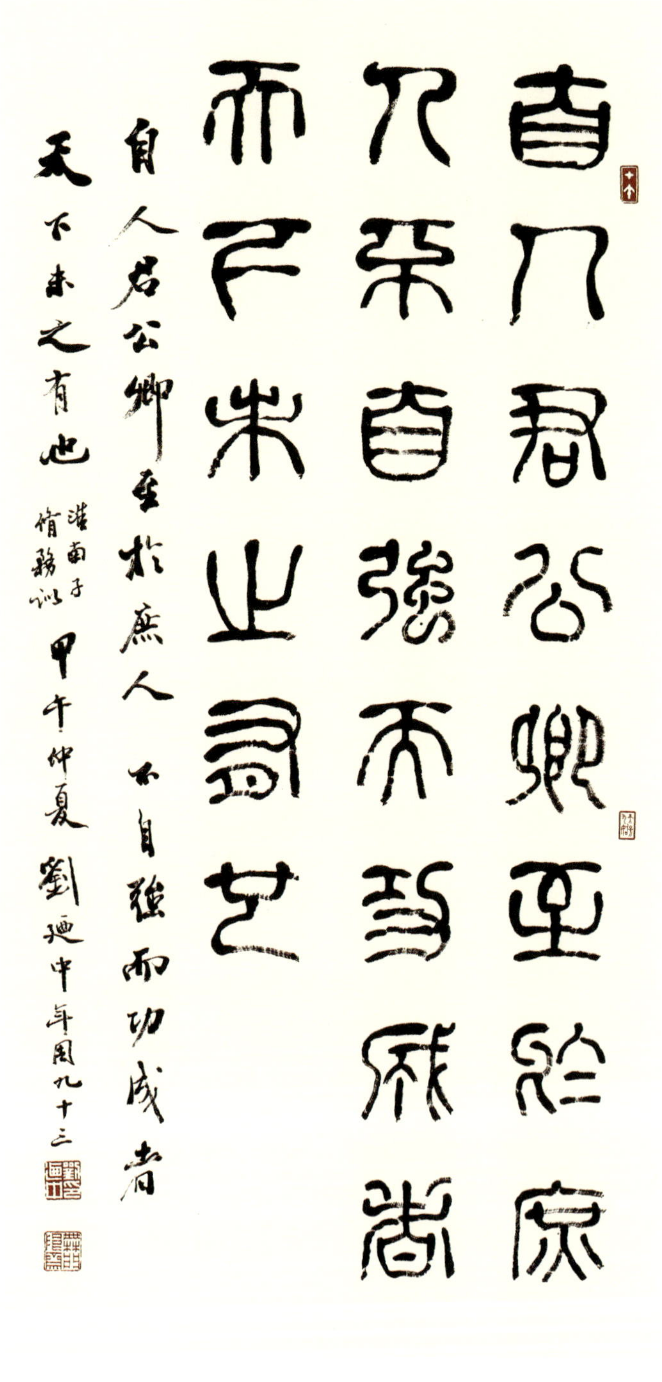
自人君公卿至於庶
人不自強而功成者
天下未之有也
自人君公卿至於庶人不自強而功成者天下未之有也
淮南子脩務訓
甲午仲夏
劉廼中年周九十三

刘廼中 书

自人君公卿[1]至于庶人[2]，不自强而功成者，天下未之有也。

（《淮南子·修务训》）

【注释】

①公卿：泛指高官。

②庶人：无官爵的平民、百姓。

【解读】

从君王、公卿到普通百姓，不自强而能事业有成的人，在天底下还没有过。

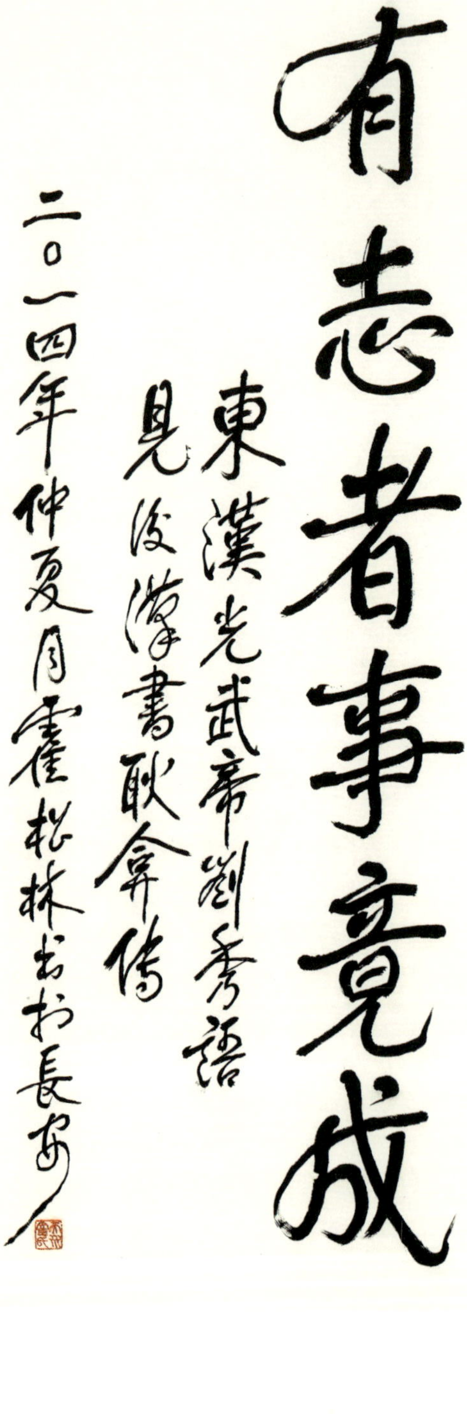
有志者事竟成
東漢光武帝劉秀語
見後漢書耿弇傳
二〇一四年仲夏月霍松林书於長安

霍松林 书

有志者事竟成。

（东汉光武帝刘秀语，《后汉书·耿弇传》）

【解读】

有决心有志气的人，遇到任何困难都能加以克服，最终获得成功。

业精於勤荒於嬉

行成於思毁於随

韩愈进学解 中巳暮 佩秋

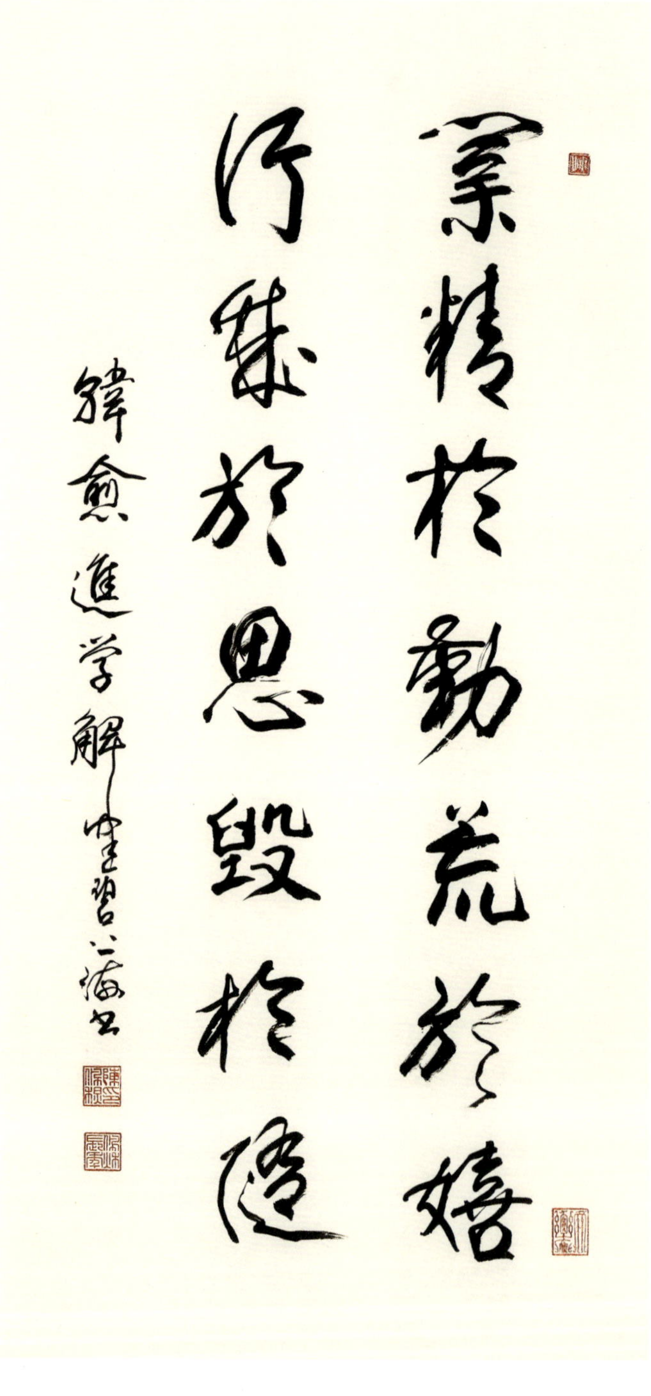

业①精于勤，荒于嬉②；行成于思，毁于随③。

（唐韩愈语，《进学解》，《韩愈全集》）

【注释】

①业：学业。

②嬉：游戏、玩耍。

③随：任意。

【解读】

勤奋是学业进步的关键，漫不经心，虚度时光，便会一事无成。深思熟虑是事业成功的前提，随意而为，只能陷于失败。

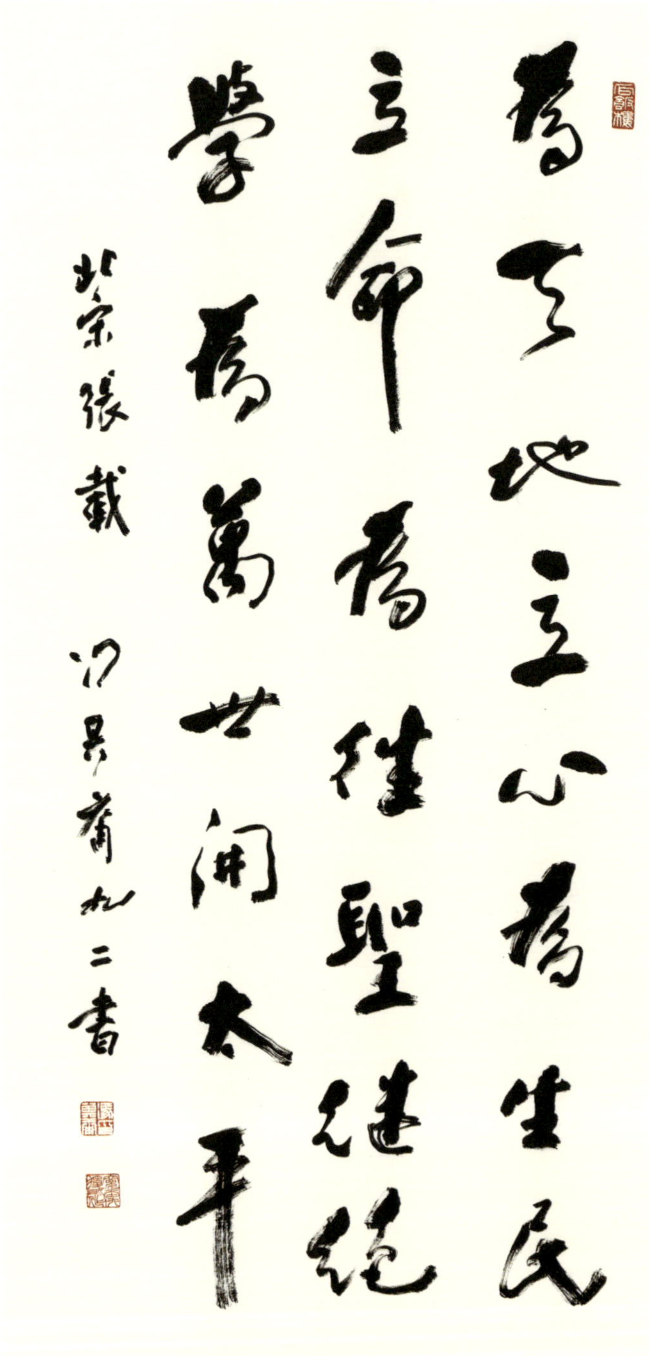

冯其庸 书

为天地立心，为生民立命，为往圣继绝学[1]，为万世开太平。

（北宋张载语，《宋元学案·横渠学案》）

【注释】

①绝学：失传的学问。

【解读】

有宏伟抱负的仁人志士，当为天下确立价值和理想，为百姓的安身立命尽责，传承往圣先贤的经典要义，为后世奠立永久太平的根基。

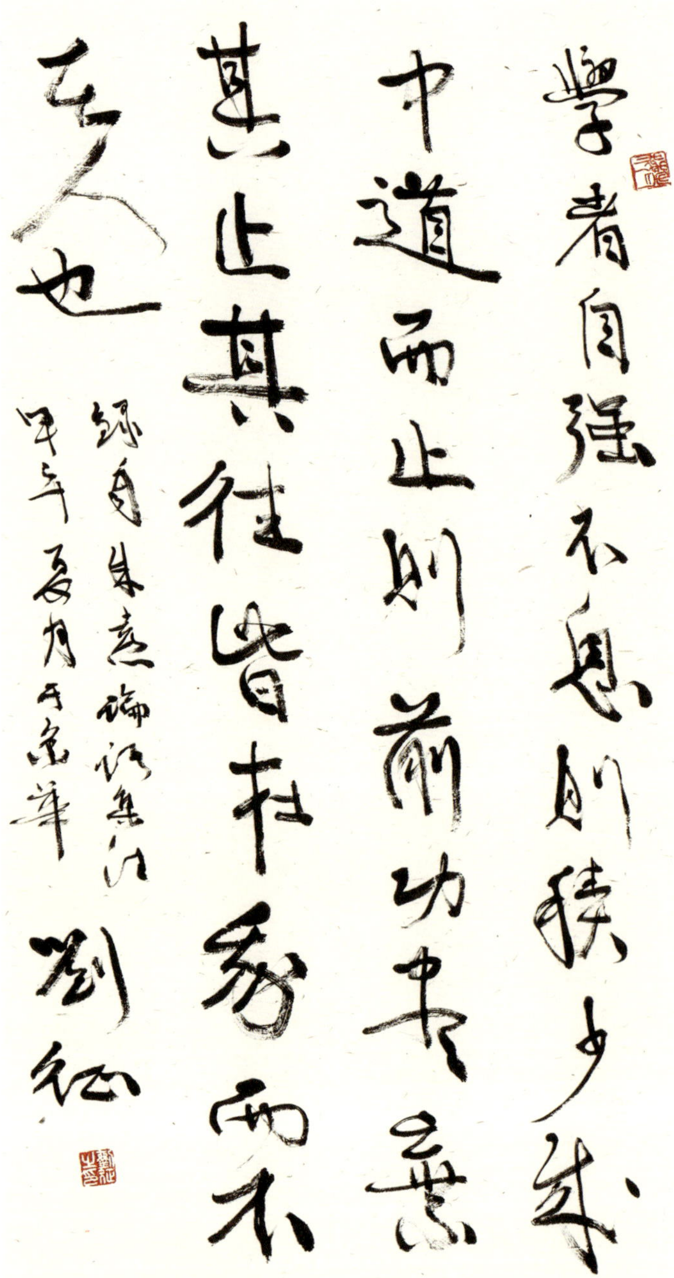

刘征书

学者自强不息，则积少成多；中道[1]而止，则前功尽弃。其止其往，皆在我而不在人也。

（南宋朱熹语，《论语集注》，《朱子全书》）

【注释】

①中道：半路、中途。

【解读】

求学的人应当自强不息，识见才能积少成多；如果学到中途便停止不前，那就前功尽弃了。是停下来还是继续努力，全在于自己而不在于别人。

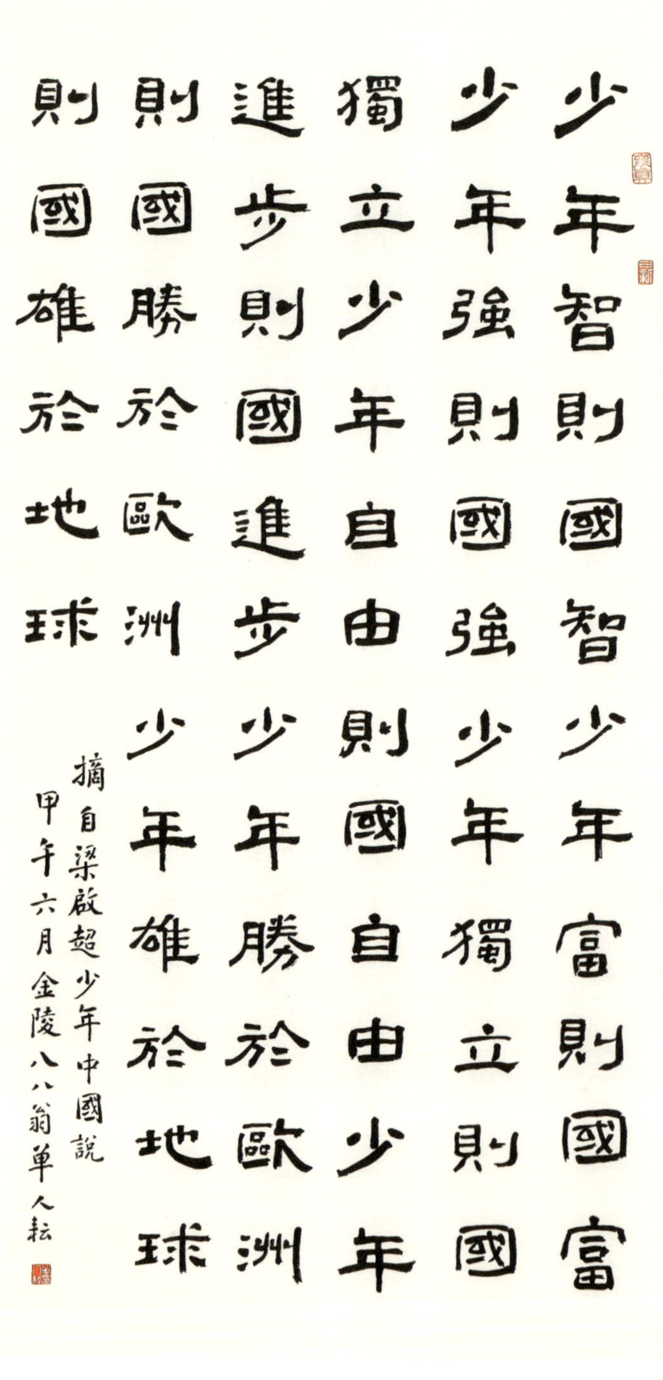
少年智則國智少年富則國富
少年強則國強少年獨立則國
獨立少年自由則國自由少年
進步則國進步少年勝於歐洲
則國勝於歐洲少年雄於地球
則國雄於地球
摘自梁啟超少年中國說
甲午年六月金陵八八翁單人耘

单人耘 书

少年[1]智则国智，少年富则国富，少年强则国强，少年独立则国独立，少年自由则国自由，少年进步则国进步，少年胜于欧洲，则国胜于欧洲，少年雄于地球，则国雄于地球。

（清梁启超语，《少年中国说》，《饮冰室合集》）

【注释】

①少年：指年轻人。

【解读】

少年有智慧则国家有智慧，少年富有则国家富有，少年强壮则国家强盛，少年自立则国家自立，少年自由则国家自由，少年进步则国家进步，少年胜于欧洲则国家胜于欧洲，少年领先于世界则国家领先于世界。本句大意是，年轻人是国家的希望，年轻人的智力和精神面貌代表着国家的未来。

六君子图

【元】倪瓒　纸本水墨　61.9cm×33.3cm

上海博物馆藏

倪瓒的《六君子图》描写气象萧疏的江南秋色。远处云山一抹，近处坡陀上以干笔画松、柏、樟、楠、槐、榆六种树木，疏密掩映，直立挺拔。图上有《富春山居图》作者黄公望题诗：『居然相对六君子，正直特立无偏颇』，以树木的挺拔比喻君子『正直特立』的高尚品质，这种托物言志的创作手法也是宋元以来文人画的一大特色。

【第二章】

诚信

林 健 篆刻

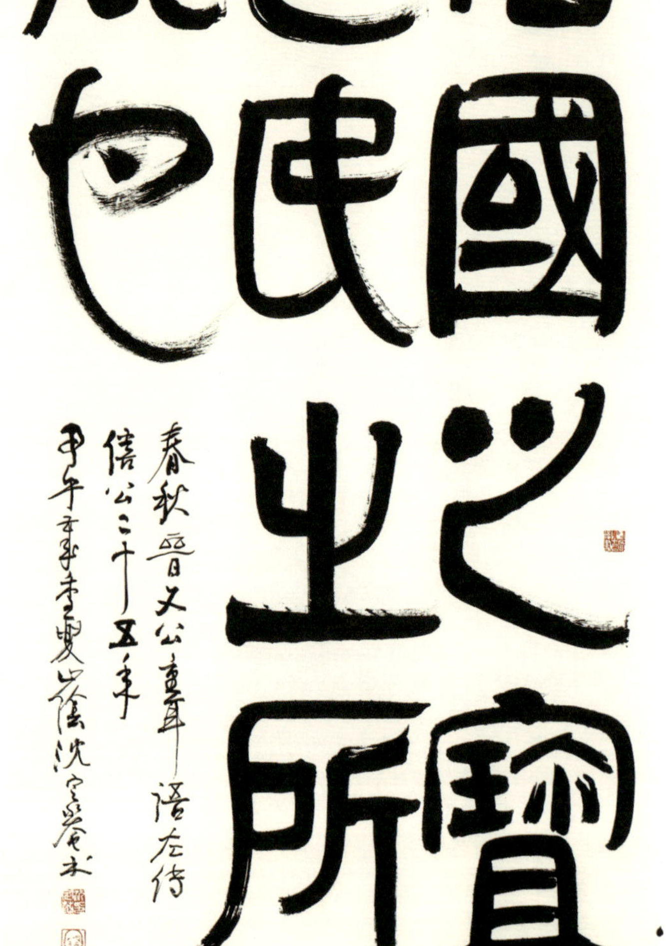

沈定庵 书

信，国之宝也，民之所庇也。

（春秋晋文公重耳语，《左传·僖公二十五年》）

【解读】

诚信是国家的宝贵财富，是百姓安居乐业的重要保障。

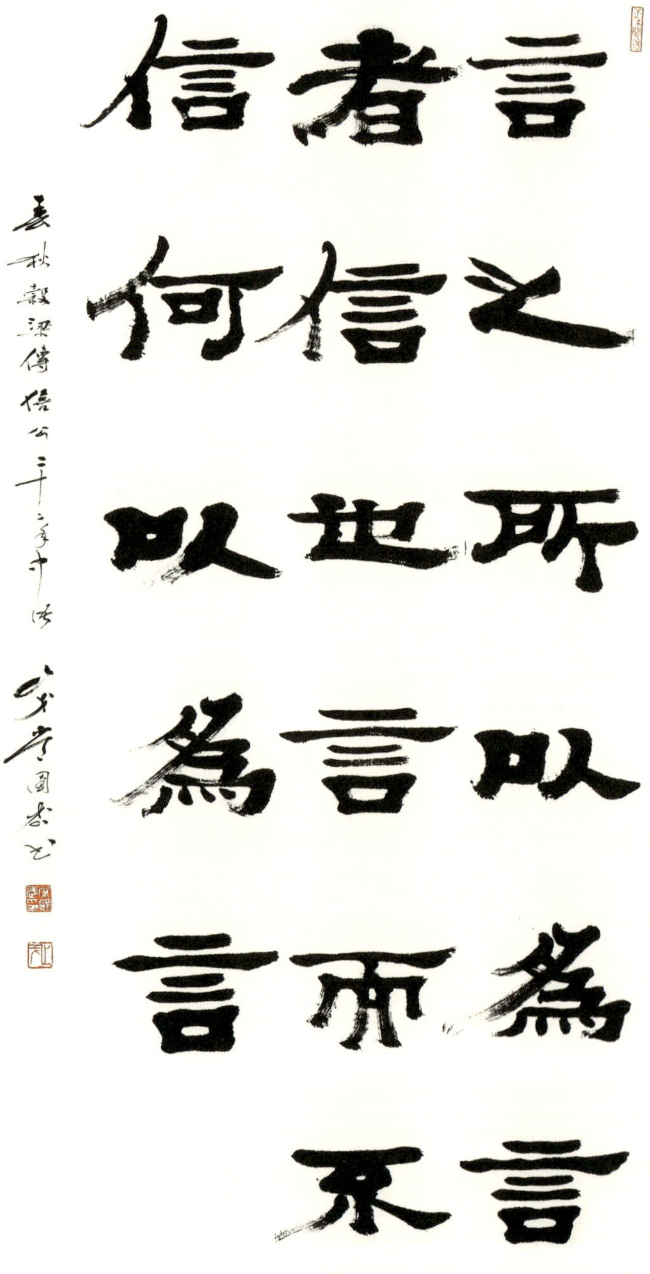

常国武 书

言之所以为言者，信也。言而不信，何以为言？

（战国穀梁赤语，《春秋穀梁传·僖公二十二年》）

【解读】

言语之所以有意义，是因为通过言语能够取信于人。如果言而无信，言语再多也没有意义。

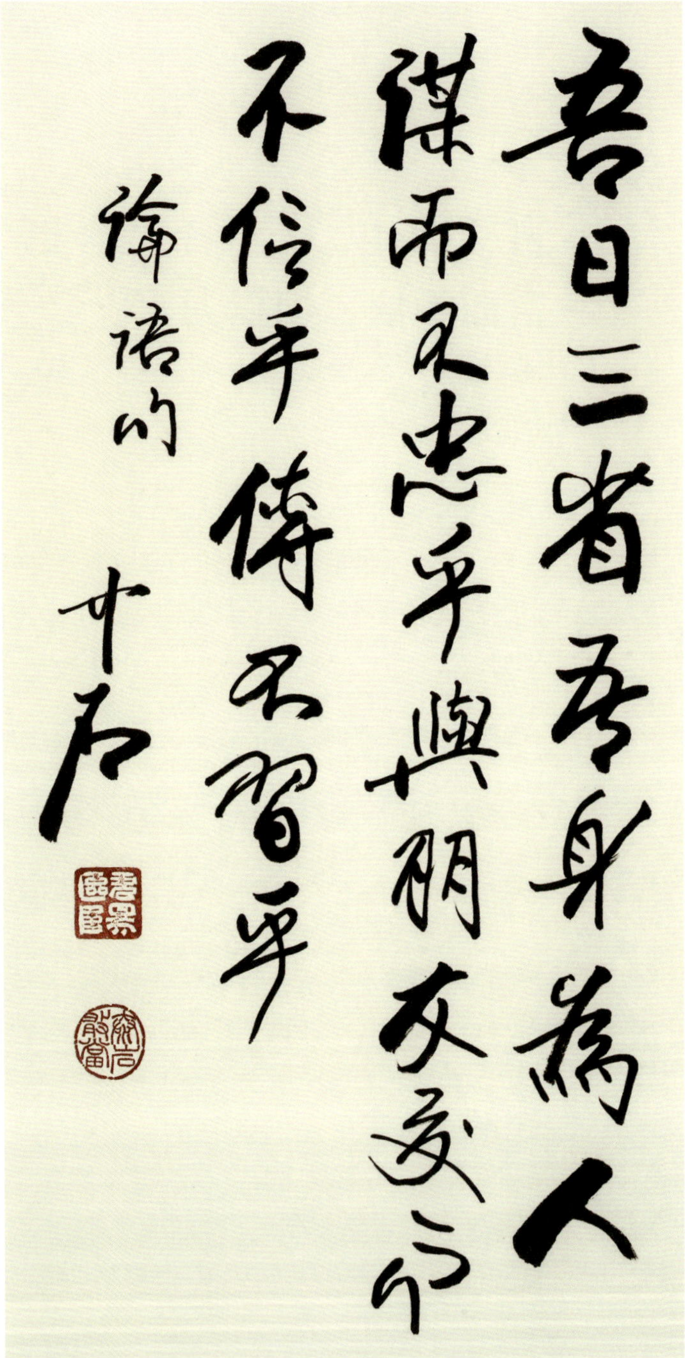
吾日三省吾身為人謀而不忠乎與朋友交而不信乎傳不習乎
論語句
中石

欧阳中石 书

吾日三省①吾身：为人谋而不忠乎？与朋友交而不信乎？传②不习乎？

（春秋曾子语，《论语·学而》）

【注释】

①三省：多次省察。

②传（chuán）：老师的传授。

【解读】

我每天多次自我反省：替别人办事是否做到了尽心呢？同朋友往来是否守信呢？老师传授我的学业是否复习了呢？

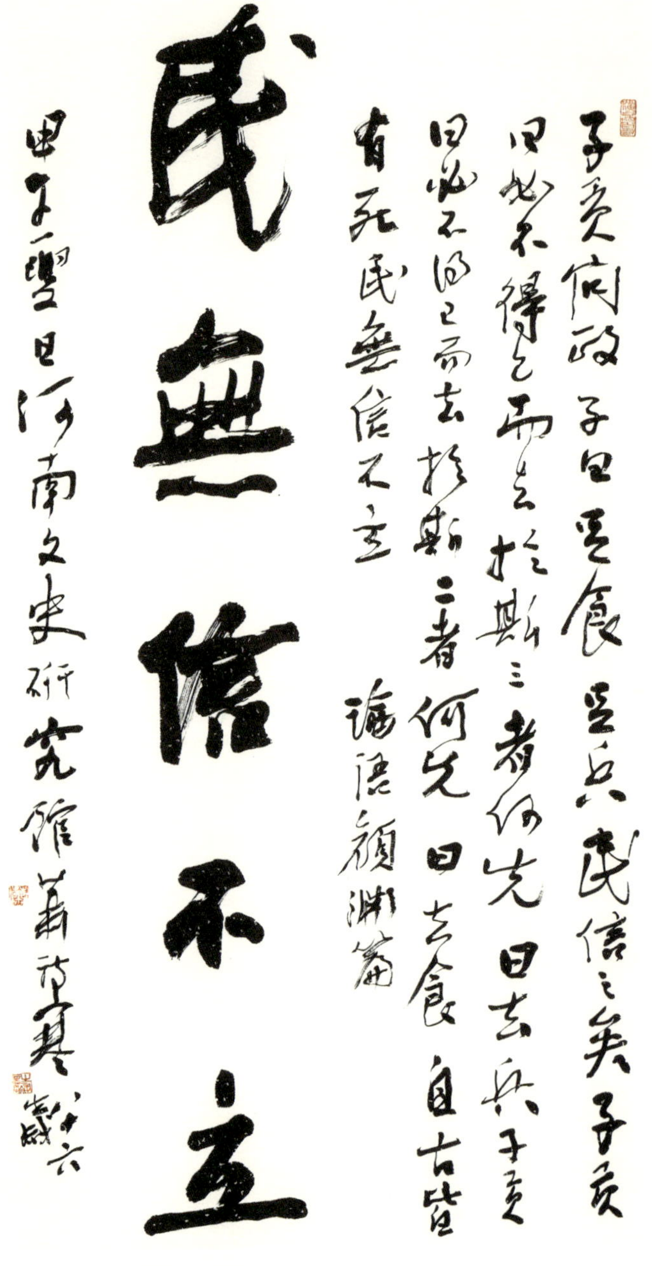
民無信不立
子貢問政子曰足食足兵民信之矣子貢曰必不得已而去於斯三者何先曰去兵子貢曰必不得已而去於斯二者何先曰去食自古皆有死民無信不立
論語顏淵篇

李逸野 书

民无信不立。

（春秋孔子语，《论语·颜渊》）

【解读】

失去了百姓的信任，国家就无以立足。

诚者天之道也思
诚者人之道也

战阅 孟子语 乙亥观众娄公书

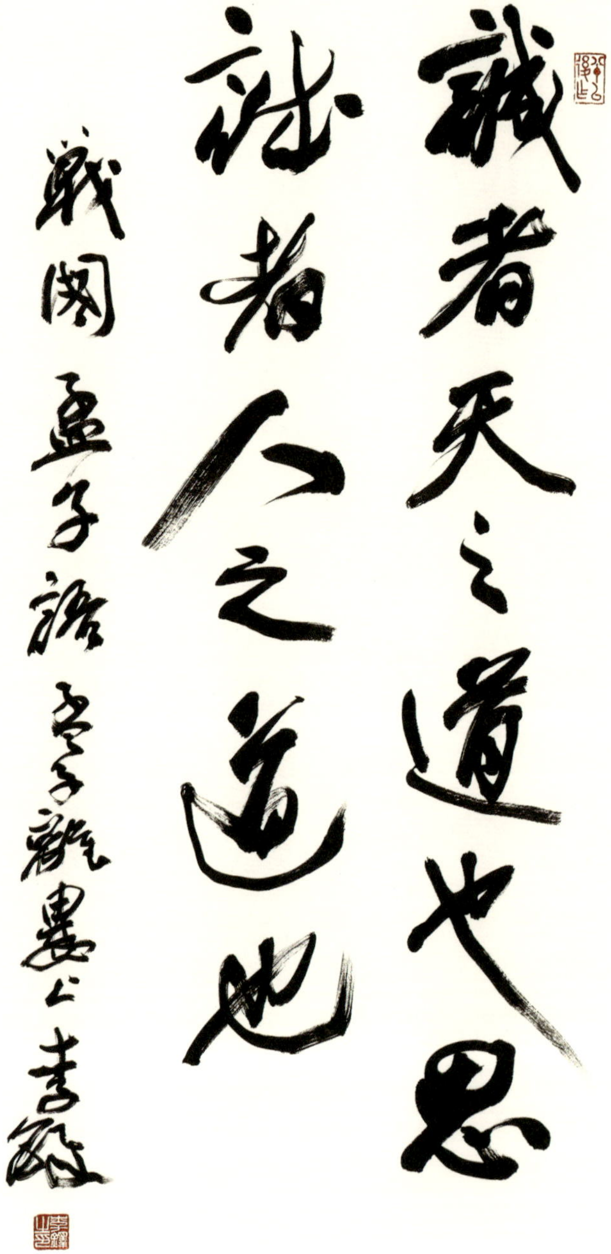

李铎书

诚者，天之道也；思诚者，人之道也。

（战国孟子语，《孟子·离娄上》）

【解读】

诚，是天道的本质；追求诚，是人效法天道的本分。

礼记大学

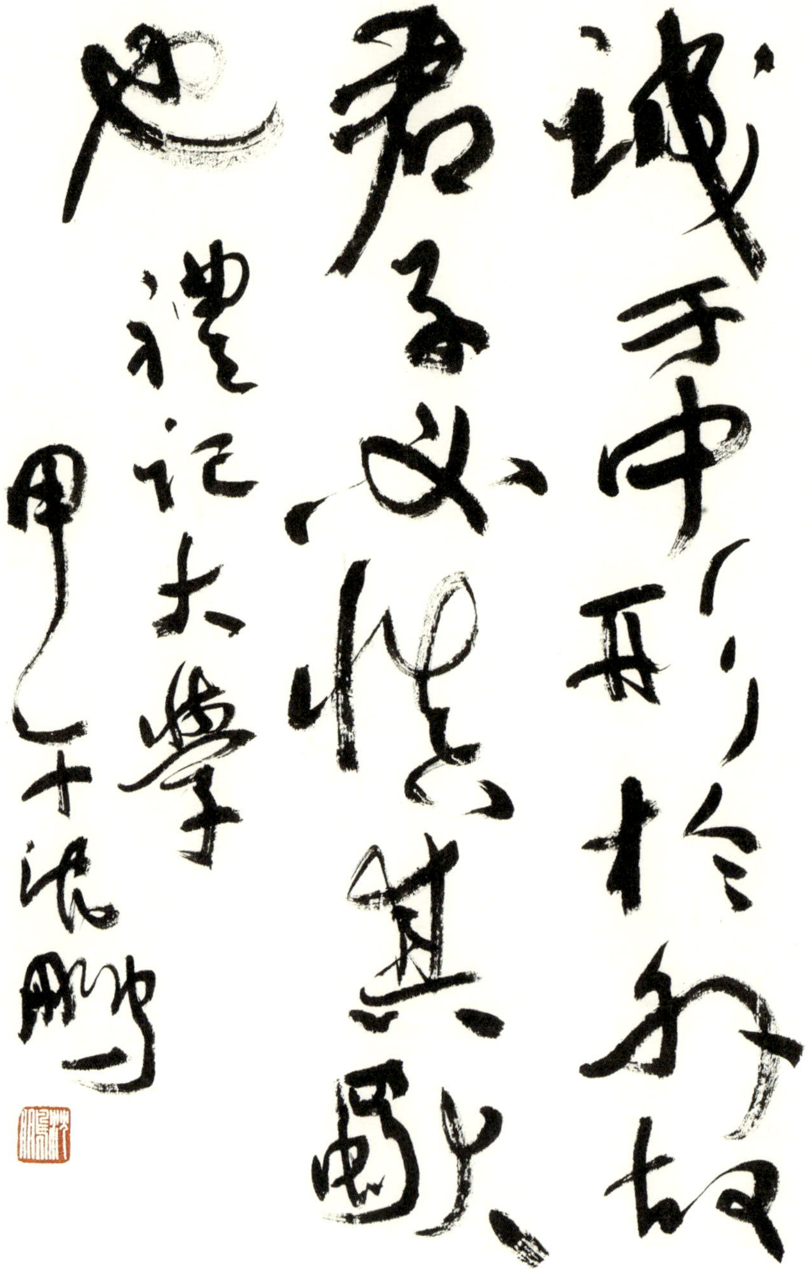

沈鹏书

诚于中①，形于外②，故君子必慎其独③也。

（《礼记·大学》）

【注释】

①诚于中：内心真实的想法。

②形于外：外在的表现。

③独：唯有自己知道的内心活动。

【解读】

一个人内心的真情实意会在行为举止中表现出来，所以君子一定要在没有外人知晓的情况下，仍能谨慎对待自己的内心活动。

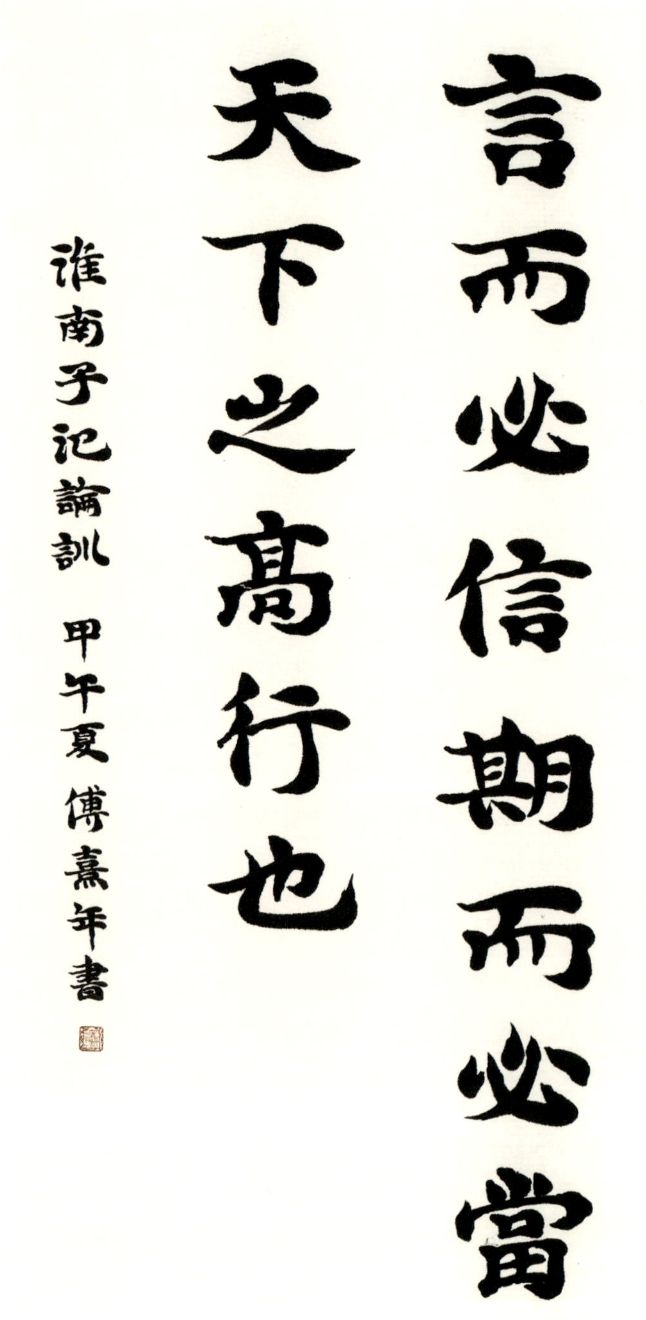
言而必信期而必當
天下之高行也
淮南子氾論訓 甲午夏 傅熹年書

傅熹年 书

言而必信，期[1]而必当[2]，天下之高行也。

（《淮南子·氾论训》）

【注释】

①期：约定。

②当（dàng）：恰当。

【解读】

说话一定要讲信用，约定了就一定要遵守承诺，这是天下的高尚行为。

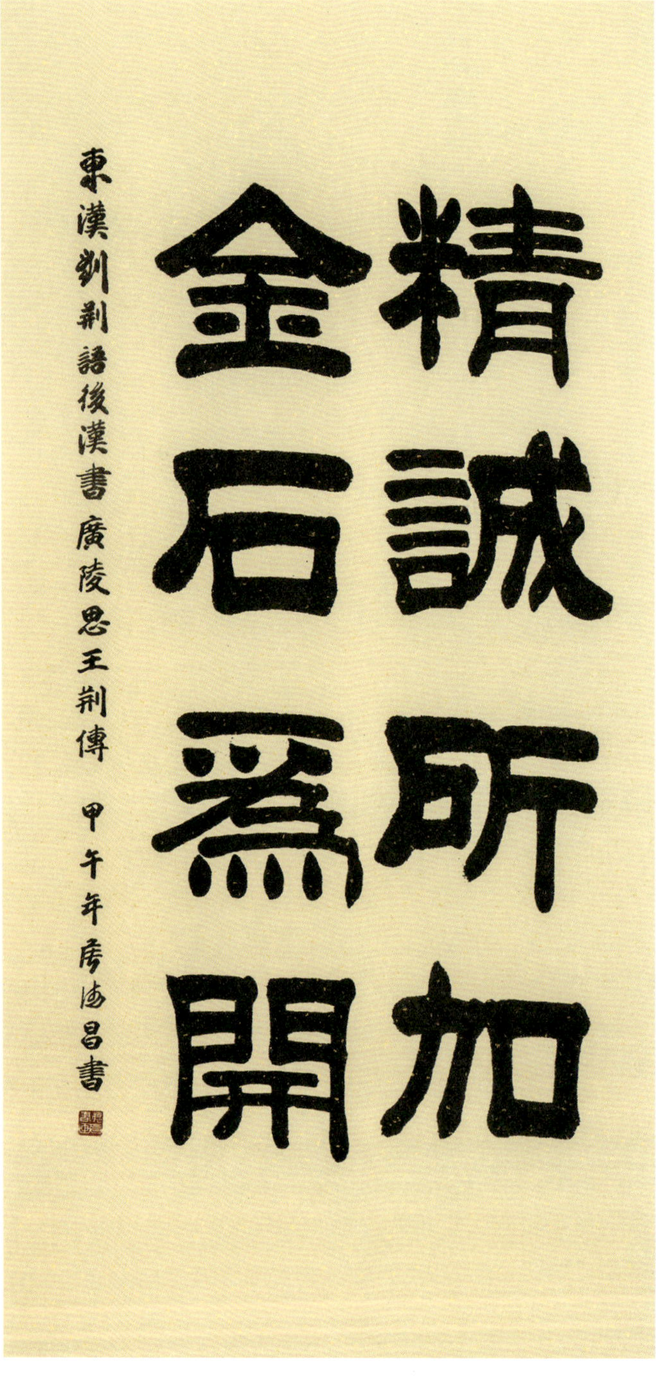
精誠所加
金石爲開
東漢劉荊語後漢書廣陵思王荊傳
甲午年侯德昌書

侯德昌 书

精①诚所加②，金石③为开④。

（东汉刘荆语，《后汉书·广陵思王荆传》）

【注释】

①精：十分、非常。

②加：置、放。

③金石：指坚硬、坚固的东西。

④开：裂开、打开。

【解读】

真诚到达极致，能够产生巨大的力量，即使像金石那样坚硬的东西也会被打开。

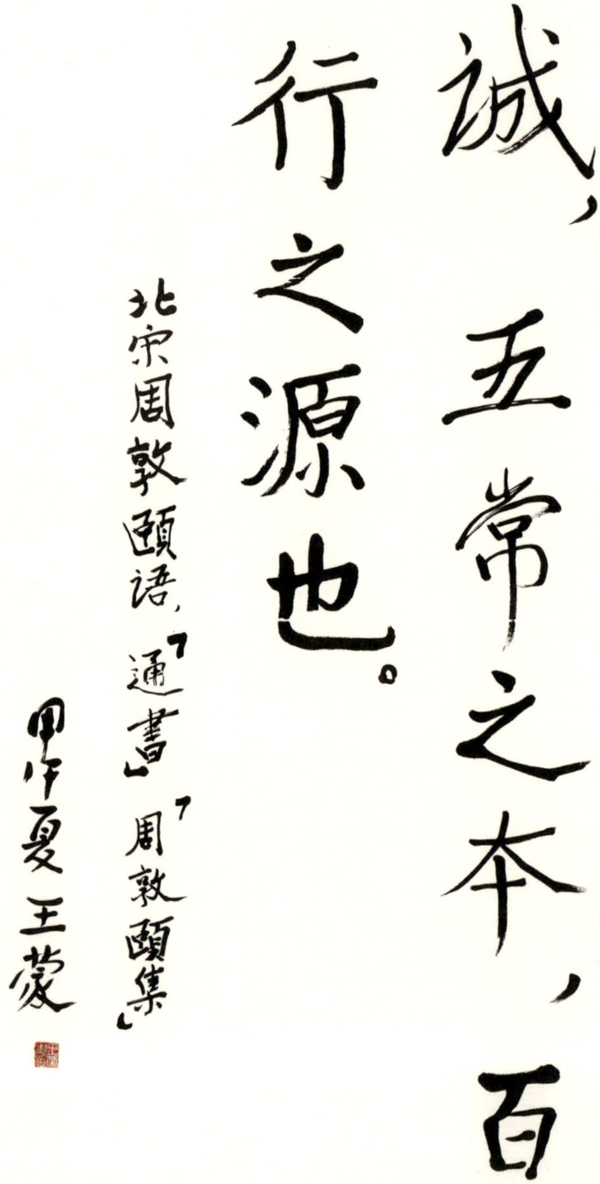

王蒙书

诚，五常①之本，百行之源也。

（北宋周敦颐语，《通书》，《周敦颐集》）

【注释】

①五常：这里指仁、义、礼、智、信五种德性。

【解读】

诚，是仁、义、礼、智、信五种德性的基础，是各种善行的源头。

一言重於千金，一诺重于千钧

明劉伯溫郁離子

孫伯翔伏案勉�612昊

孫伯翔 书

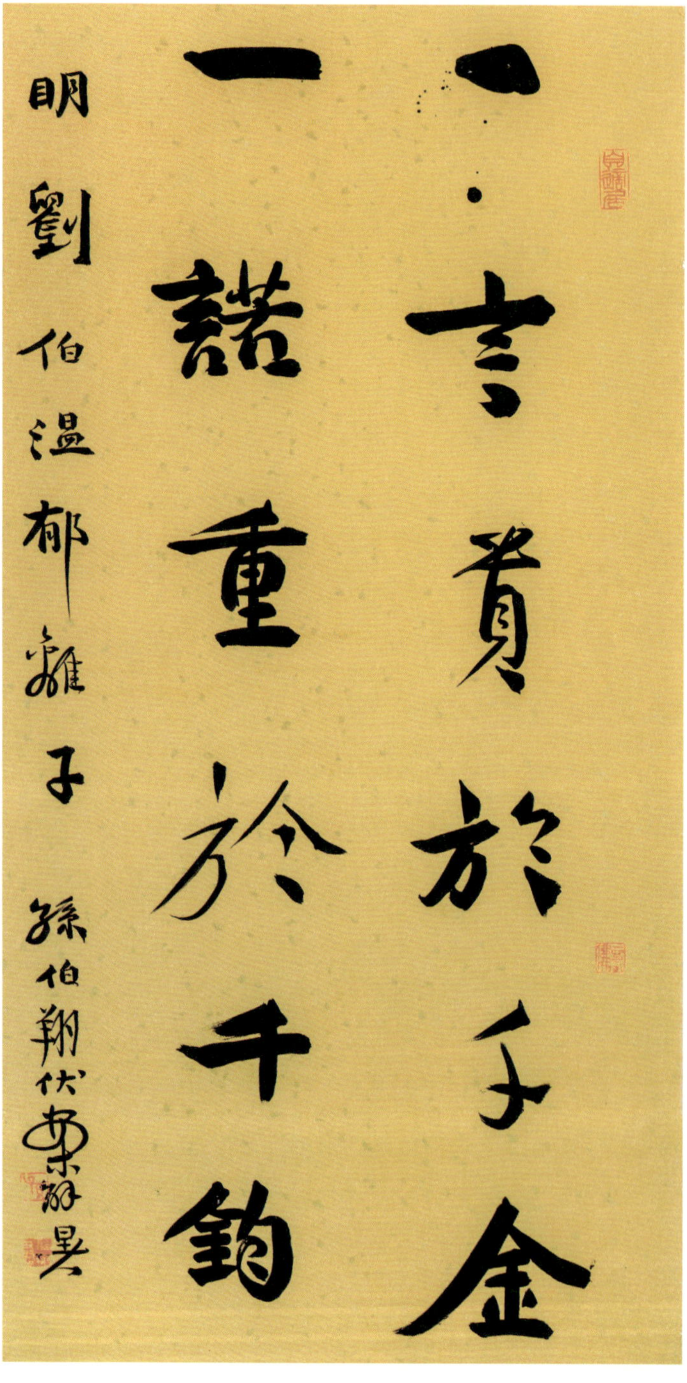

一言贵于千金，一诺重于千钧①。

（明刘基语，《郁离子》，《刘伯温集》）

【注释】

①钧：古代重量单位，三十斤为一钧。

【解读】

一份承诺，价值超过千金，分量重于千钧，说明人讲诚信的重要。

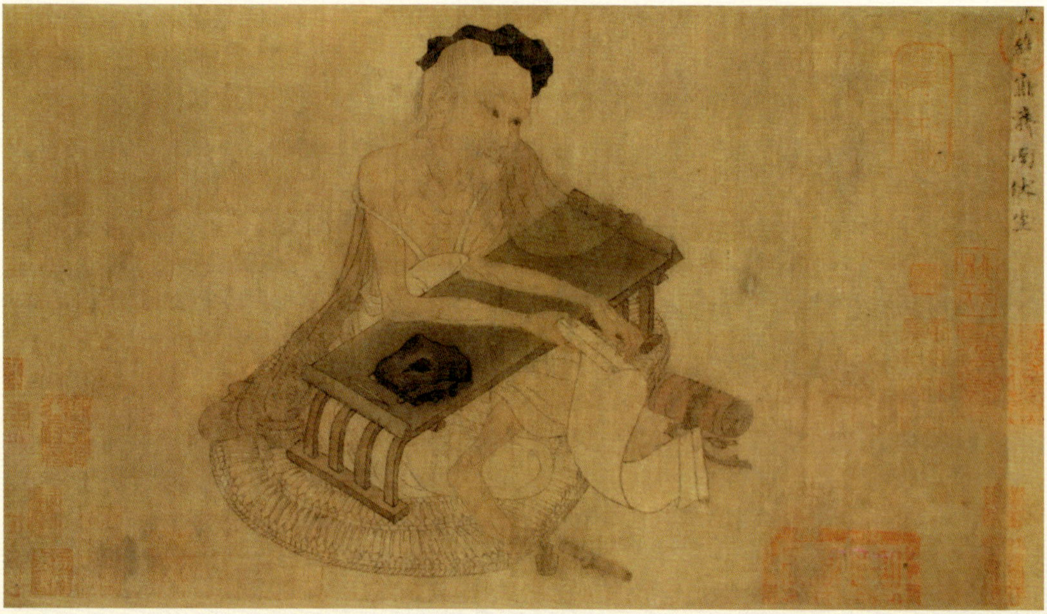

伏生授经图

【唐】王维（传） 绢本设色 25.4cm×44.7cm
日本大阪市立美术馆藏

作为『文化传承者』和『美德践行者』的伏生，在秦始皇焚书坑儒时冒死将《尚书》藏于壁中，汉文帝时又以年过九十高龄亲自授经，为古典文化的传承做出了贡献。传为唐代画家王维所绘的《伏生授经图》描绘了清瘦年迈的伏生聚精会神讲授《尚书》的场景，体现了古代希腊哲人也讲过的：『知识即美德』。

【第三章】

仁义

童衍方　篆刻

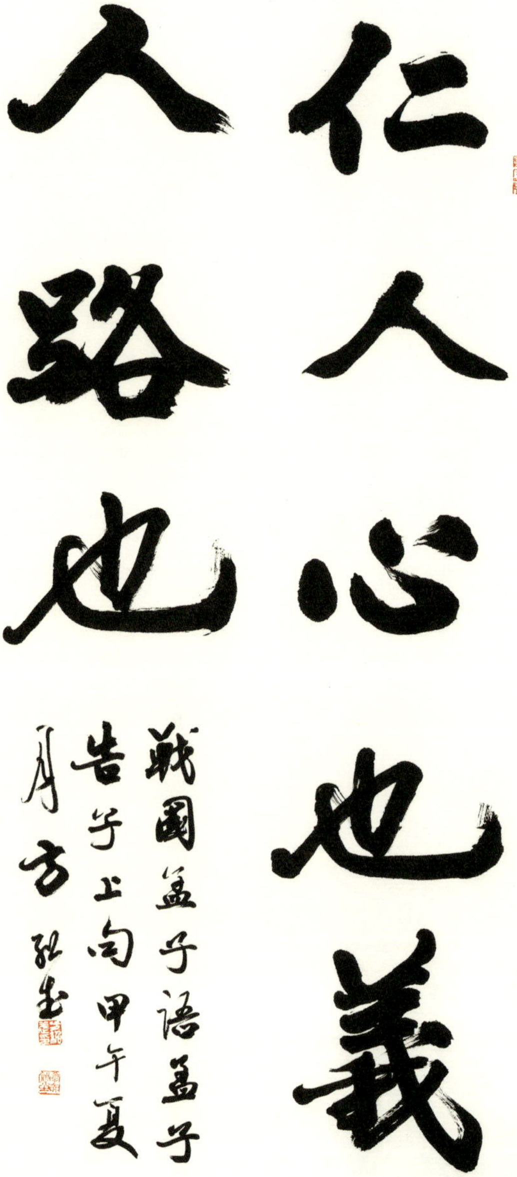
仁人心也義
人路也
戰國孟子語孟子
告子上句甲午夏
月方紹武書

方绍武 书

仁，人心也；义，人路也。

（战国孟子语，《孟子·告子上》）

【解读】

仁，是人心之本；义，是仁道的必由之路。

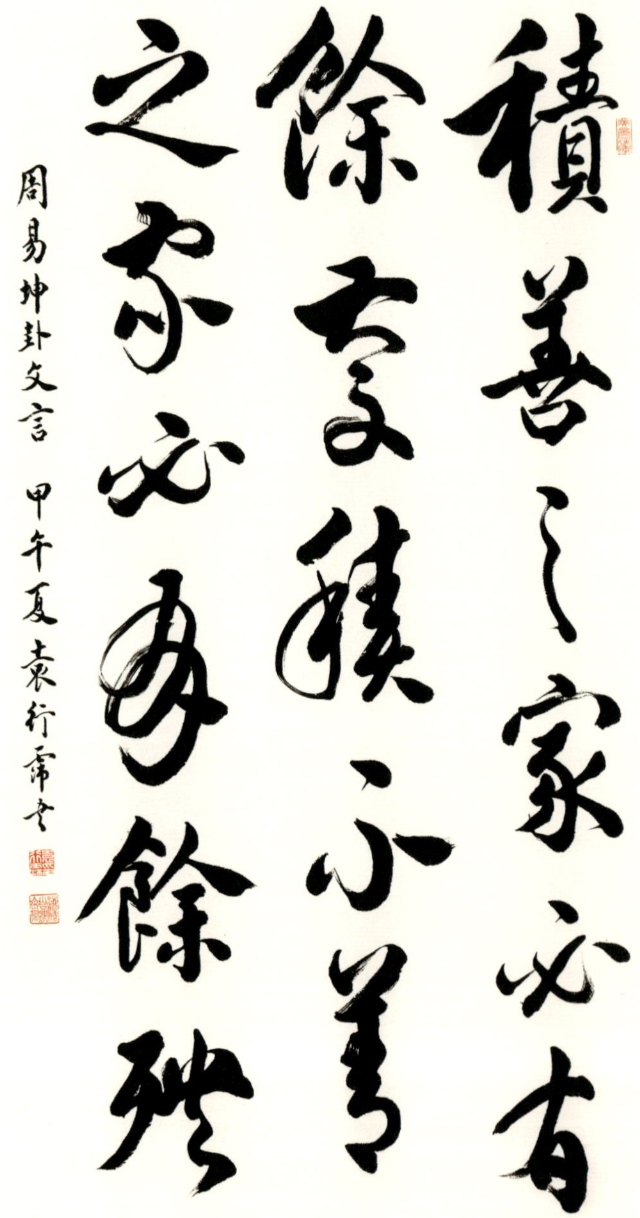
積善之家必有餘慶
積不善之家必有餘殃
周易坤卦文言
甲午夏袁行霈書

袁行霈 书

积善之家，必有余[1]庆[2]；积不善之家，必有余殃[3]。

（《周易·坤·文言》）

【注释】

①余：不断。

②庆：吉祥。

③殃：灾祸。

【解读】

经常行善的家族，必有吉祥之事；累积恶行的家族，必然招致灾祸。

尉天池 书

地势坤[1]，君子以厚德载物[2]。

（《周易·坤·象》）

【注释】

①地势坤：坤卦象征大地，坤有和顺之义。

②厚德载物：厚德，宽厚之德；载物，容载万物。

【解读】

大地有博厚之德、载物之能，君子应当效仿大地，以大德包物容人。

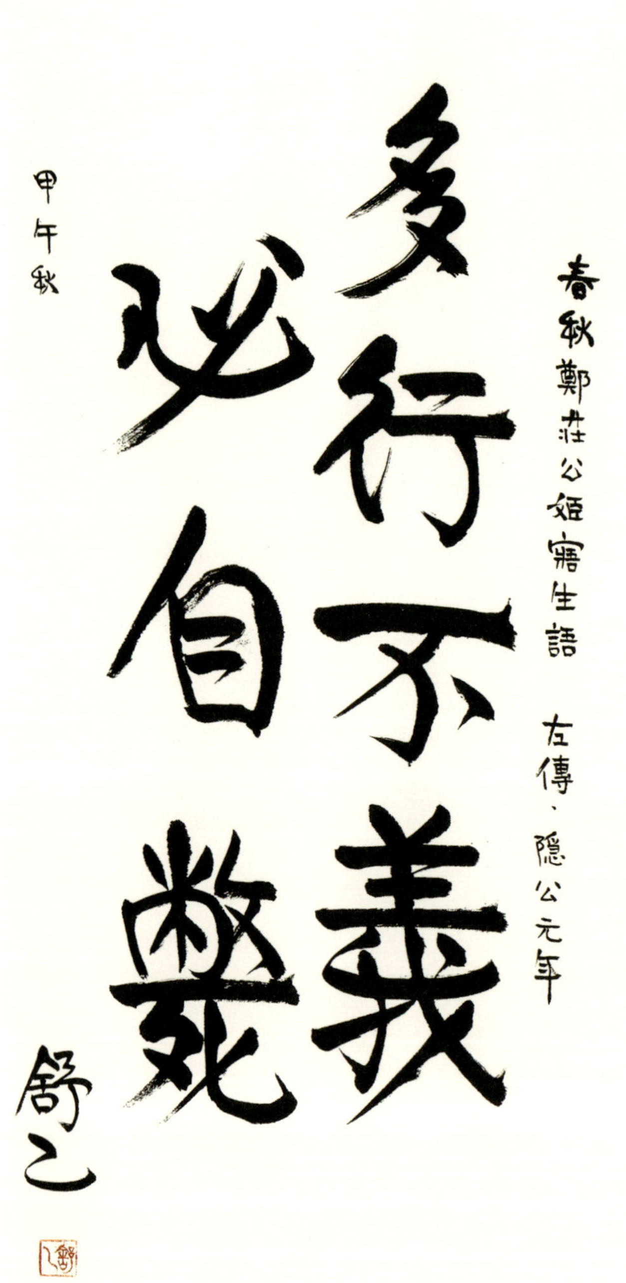
春秋鄭莊公姬寤生語
左傳、隱公元年
多行不義
必自斃
甲午秋
舒乙

舒乙书

多行不义，必自毙[1]。

（春秋郑庄公姬寤生语，《左传·隐公元年》）

【注释】

①毙：跌跤、失败。

【解读】

违反正义的事情干多了，必然会自取失败。

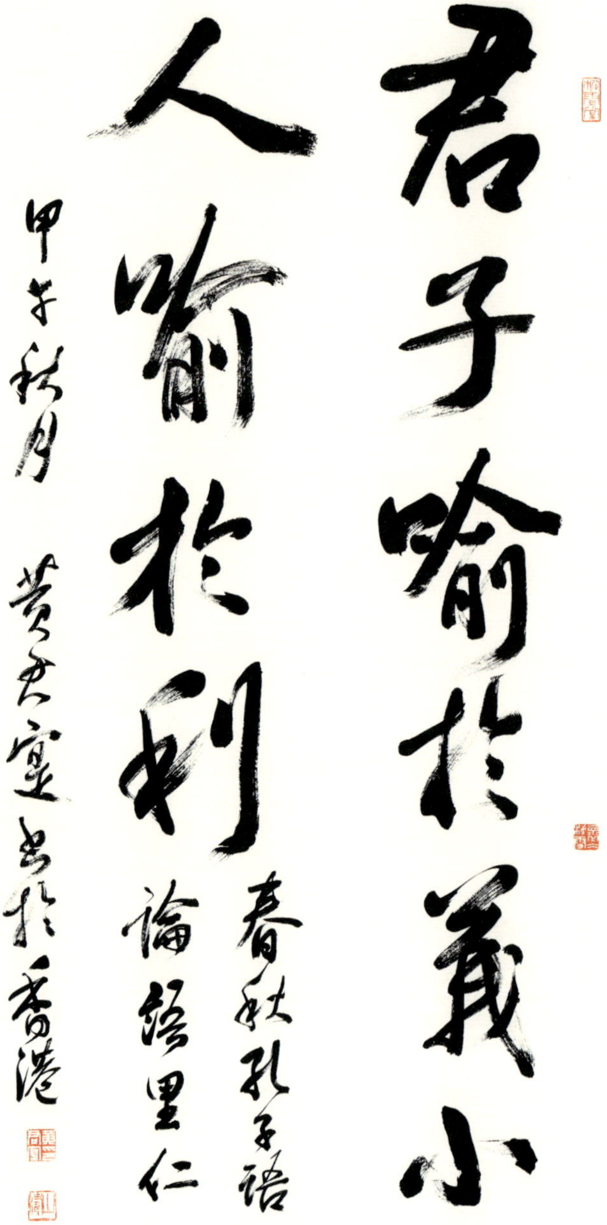
君子喻於義小人喻於利
春秋孔子語
論語里仁
甲午秋月
黄君寔書於香港

黄君寔 书

君子喻[1]于义，小人喻于利。

（春秋孔子语，《论语·里仁》）

【注释】

①喻：知晓。

【解读】

君子懂得道义，小人懂得私利。

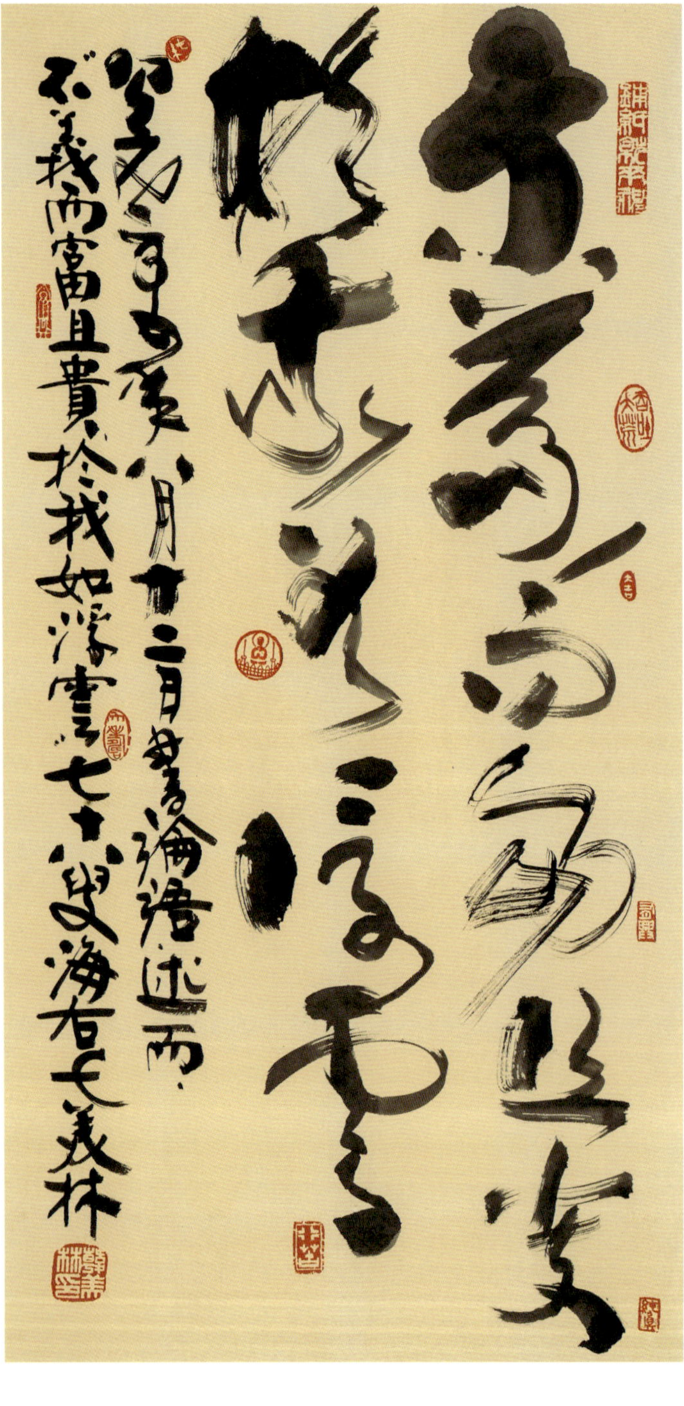

韩美林 书

不义而富且贵，于我如浮云。

（春秋孔子语，《论语·述而》）

【解读】

违背了道义的原则而获得的财富和地位，对君子来说，就像天上的浮云一样，不值得看重，更不会为之所动。

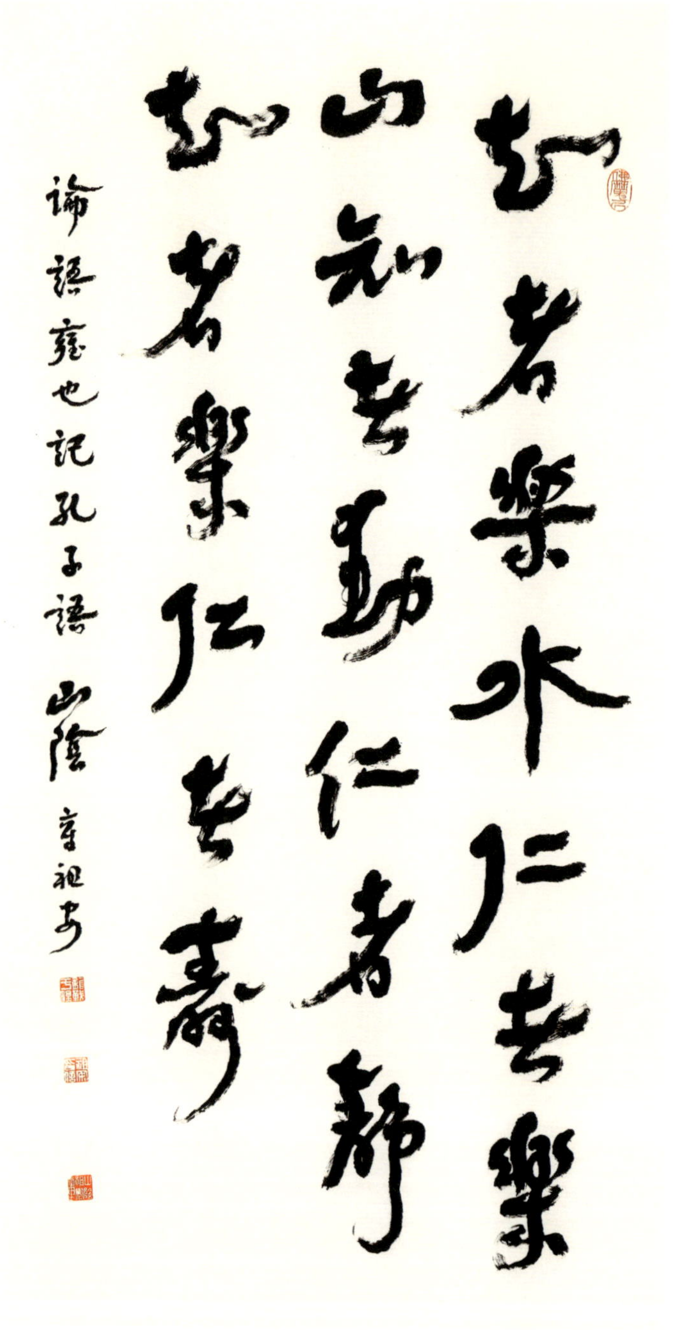
知者樂水仁者樂山知者動仁者静知者樂仁者壽
論語雍也記孔子語 山陰 章祖安

章祖安 书

知[1]者乐水，仁者乐山。知者动，仁者静。知者乐，仁者寿。

（春秋孔子语，《论语·雍也》）

【注释】

①知：同“智”。

【解读】

有智慧的人喜爱水，有仁爱之心的人喜爱山；有智慧的人活跃，有仁爱之心的人宁静；有智慧的人快乐，有仁爱之心的人长寿。

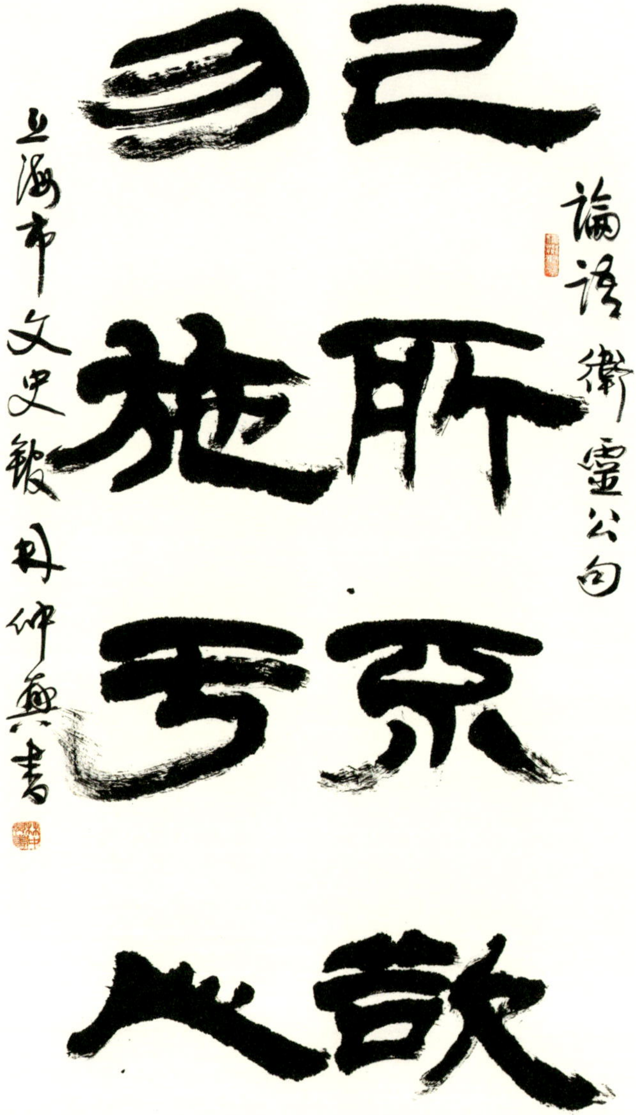
己所不欲
勿施于人
論語衛靈公句
上海市文史館林仲興書

林仲兴 书

己所不欲[1]，勿施于人。

（春秋孔子语，《论语·卫灵公》）

【注释】

①欲：欲求。

【解读】

自己不想要的，就别强加给别人。

得道者
多助
失道者
寡助

语出孟子公孙丑下
甲午仲夏荣庆书

张荣庆 书

得道者多助，失道者寡助。

（战国孟子语，《孟子·公孙丑下》）

【解读】

恪守道义会得到多数人的帮助，违背道义必陷于孤立。

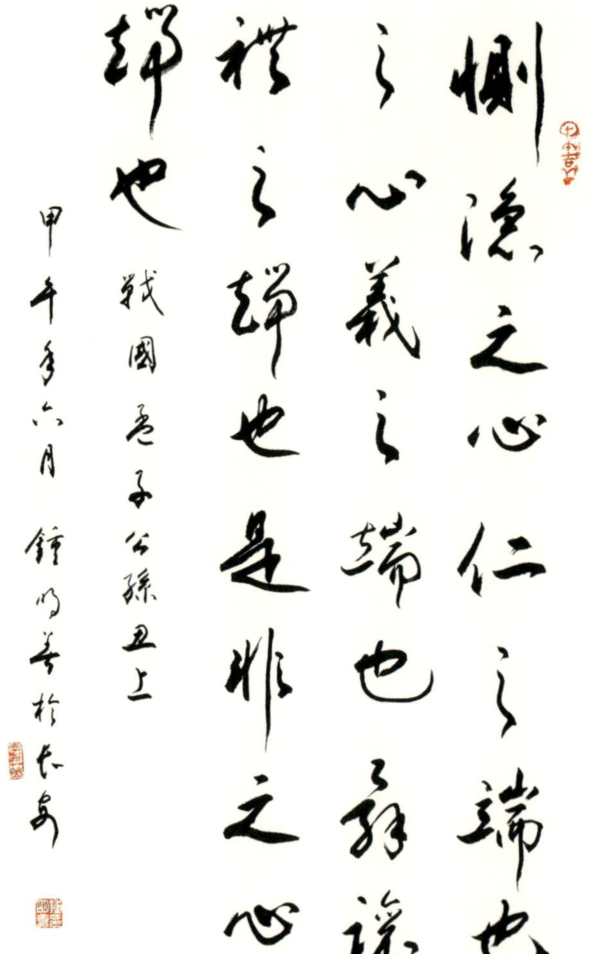
惻隱之心仁之端也羞惡
之心義之端也辭讓之心
禮之端也是非之心智之
端也
戰國孟子公孫丑上
甲午年六月 鍾明善於長安

钟明善书

恻隐[①]之心，仁之端也；羞恶[②]之心，义之端也；辞让之心，礼之端也；是非之心，智之端也。

（战国孟子语，《孟子·公孙丑上》）

【注释】

①恻隐：同情、怜悯。

②恶（wù）：羞恶、羞耻和憎恶。

【解读】

对他人的不幸有怜悯同情之心，是仁的开始；对自己的不良行为感到羞耻、对他人的不良行为感到憎恶，是义的开始；辞谢谦让是礼的开始；辨别是非是智的开始。

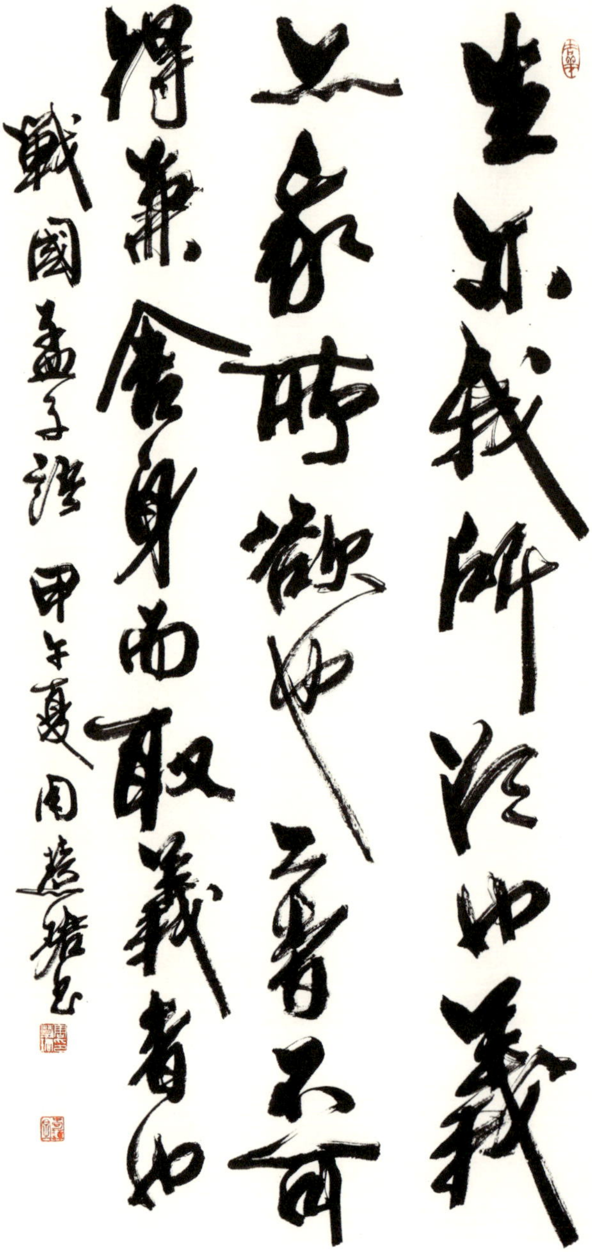
生亦我所欲也義
亦我所欲也二者不可
得兼舍身而取義者也
戰國孟子語 甲午夏 周慧珺書

周慧珺 书

生，亦我所欲也；义，亦我所欲也，二者不可得兼，舍生而取义者也。

（战国孟子语，《孟子·告子上》）

【解读】

求生是人的本能，道义是人的精神追求，如果二者不能兼顾，我宁可牺牲生命而去追求道义。

勿以恶小而为之

勿以善小而不为

三国志蜀书先主传刘备语

甲午季六月书于塘沽郭子绪书

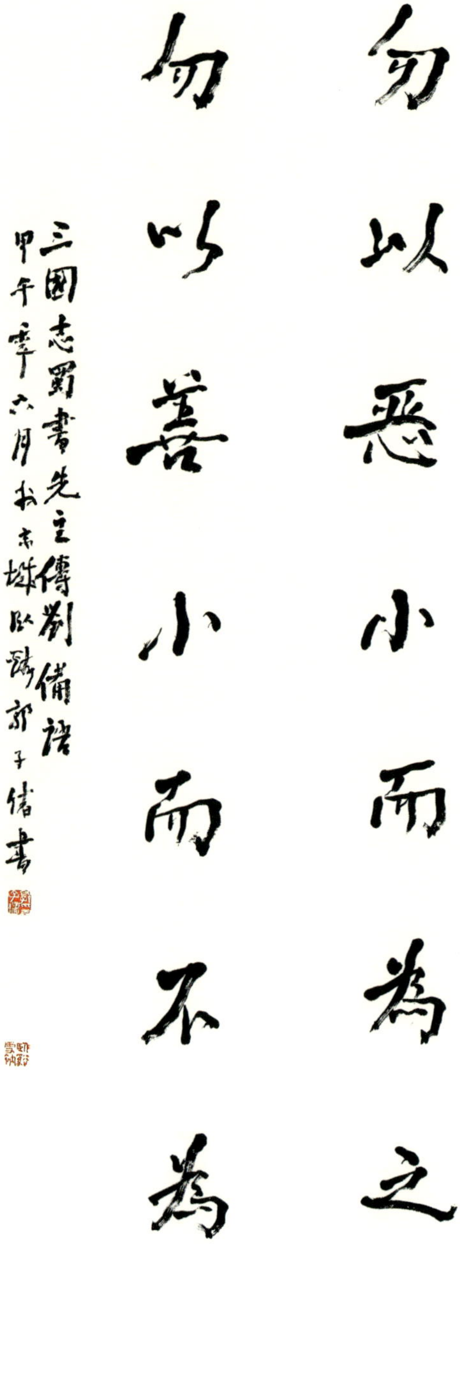

郭子绪
书

勿以恶小而为之，勿以善小而不为。

（三国刘备语，《三国志·蜀书·先主传》）

【解读】

不要因为不好的事情小就去做，也不要因为良善的事情小就不去做。

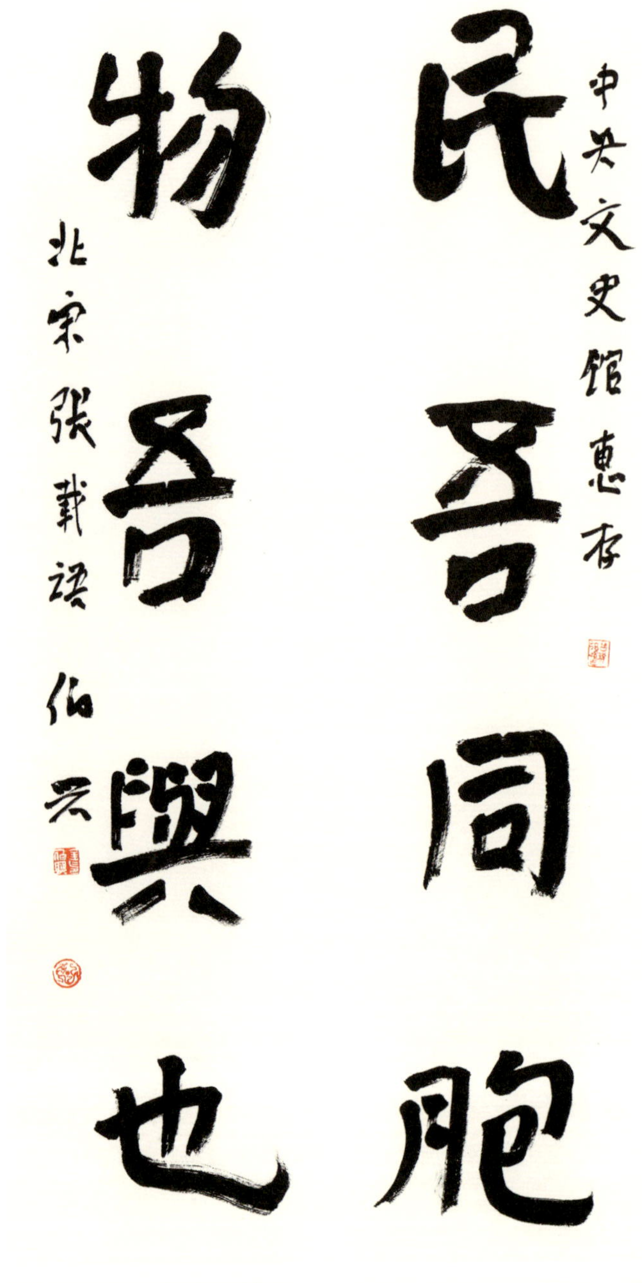
中央文史馆惠存
民吾同胞
物吾與也
北宋张载语 伯兴

金伯兴 书

民吾同胞①，物吾与②也。

（北宋张载语，《正蒙·乾称篇》，《张载集》）

【注释】

①同胞：兄弟。

②与：同伴。

【解读】

人类同为天地之子，大家都是同胞兄弟；万物同禀天地之气而生，都是人类的朋友。

中兴四将图

【宋】刘松年（传） 绢本设色 26cm×90.6cm

中国国家博物馆藏

《中兴四将图》卷继承汉代『麒麟阁功臣像』、『云台二十八将』和唐代『凌烟阁功臣图』以画像表彰功臣勋将的传统，为南宋忠心报国的岳飞、韩世忠、刘光世和张俊四位将领造全身立像，形神兼备，栩栩如生，旨在表彰忠勇的品德，发挥人物画的教化功能。

【第四章】

智勇

李刚田　篆刻

知仁勇三春天下

止逢德世

春秋孔子隐 继以中庸
和永今往泉出于长沙山溪林居

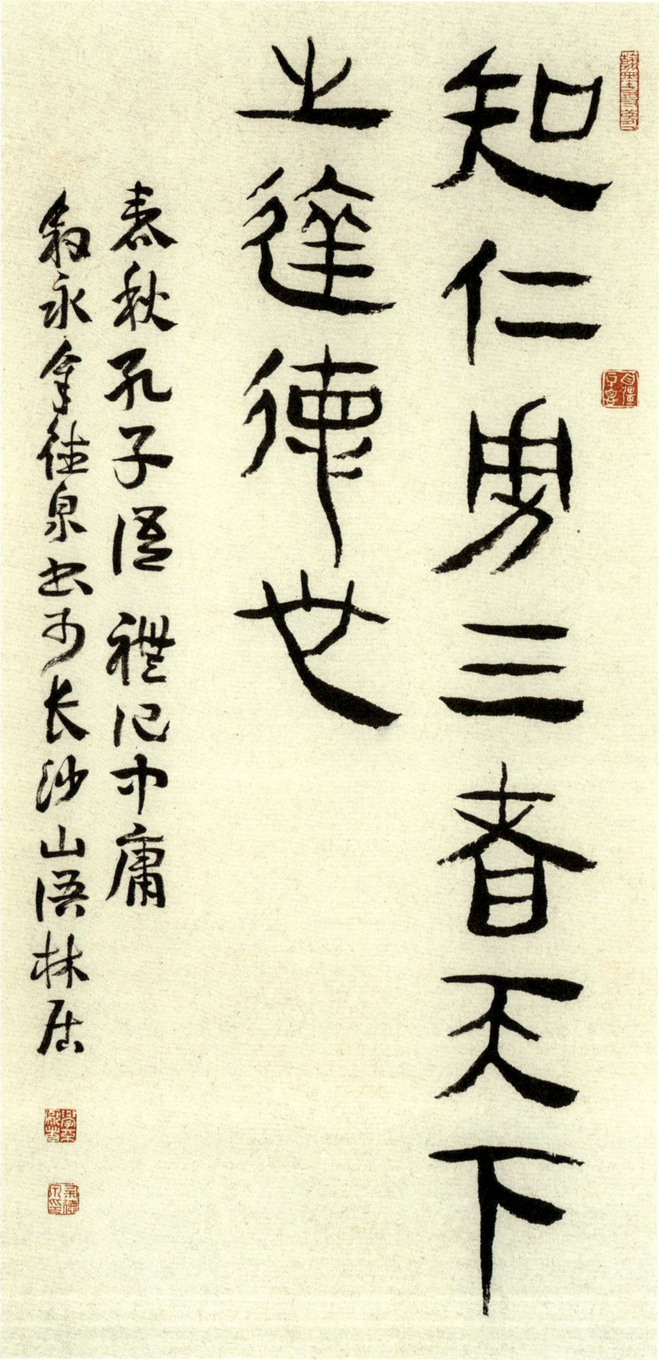

余德泉 书

知①、仁、勇三者，天下之达德②也。

（春秋孔子语，《礼记·中庸》）

【注释】

①知：同“智”。

②达德：通行不变的美德。

【解读】

智慧、仁德、勇敢是天下通行的美德，一个品行高尚的君子必须具备这三种美德。

周俊杰 书

居安思危，思则有备，有备无患。

（《左传·襄公十一年》）

【解读】

身处安乐的时候，一定要想到可能发生的危险，想到了就会有所防备，有所防备就可以避免祸患的发生。

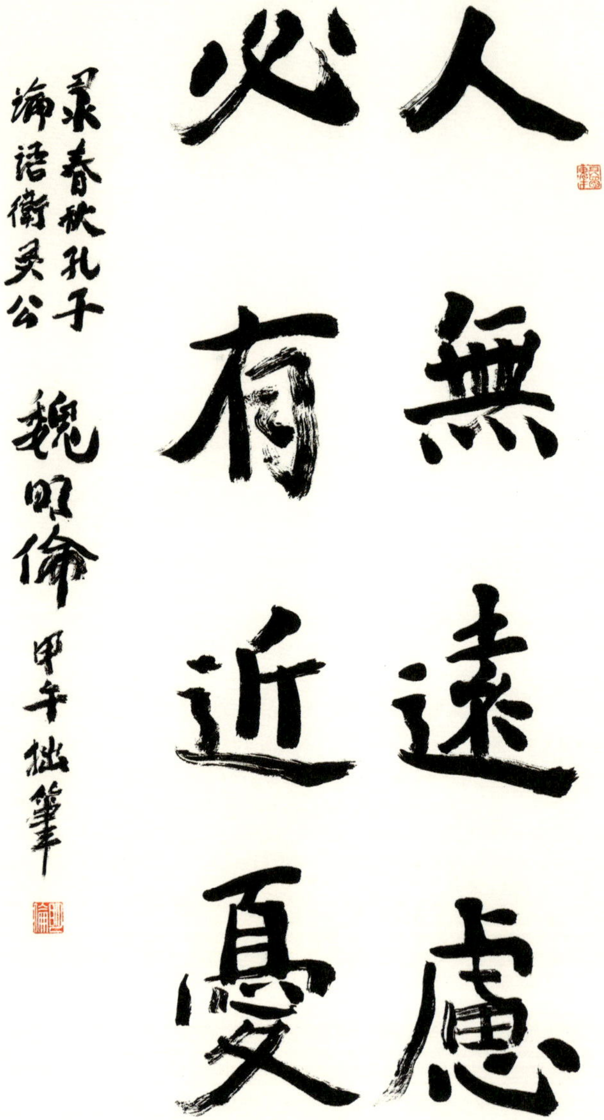
人無遠慮
必有近憂
录春秋孔子
論語衛灵公
魏明倫
甲午拙筆

魏明伦 书

人无远虑，必有近忧。

（春秋孔子语，《论语·卫灵公》）

【解读】

一个人没有长远的考虑，一定会有近在眼前的忧患。

志士仁人无求生以
害仁有杀身以成仁

志士仁人句取于论语卫灵公
二〇一〇年十月沣上居书有石二斋

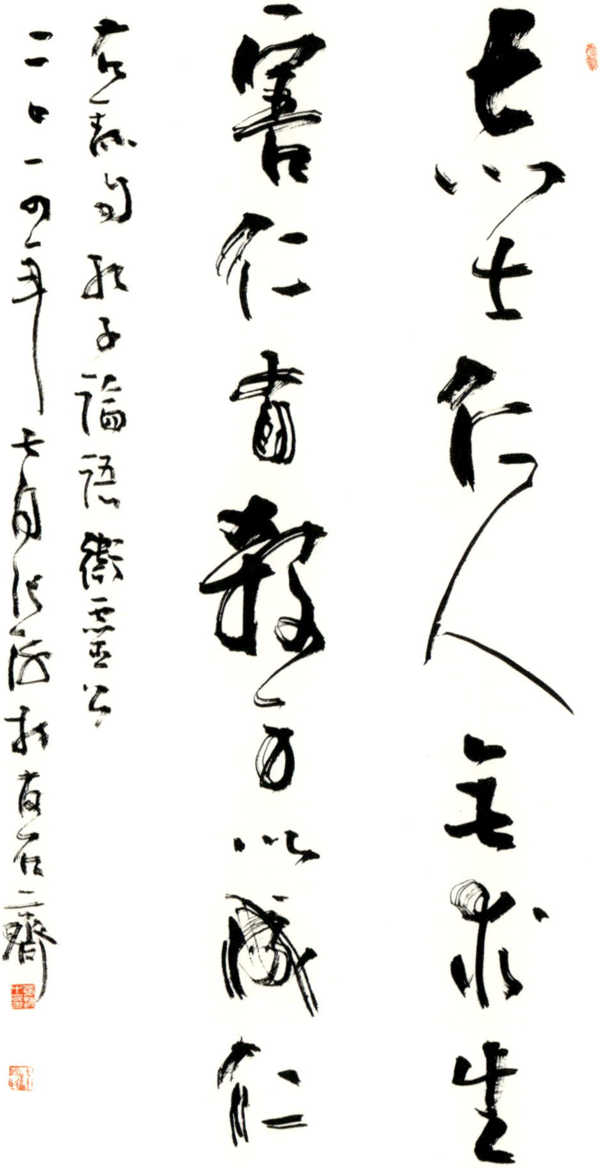

张
海
书

志士仁人，无求生以害仁，有杀身以成仁。

（春秋孔子语，《论语·卫灵公》）

【解读】

志向远大、品格高尚的人，不会因贪生怕死而损害仁德，而宁可牺牲生命以成全仁德。

旭宇书

知人者智自知者明
勝人者有力自勝者強

春秋老子語「老子三十三章」旭宇

知人者智，自知者明。胜人者有力，自胜者强。

（春秋老子语，《老子·三十三章》）

【解读】

能了解别人，叫做智慧；能认识自己，才算高明。能战胜别人，是有力量的表现；能战胜自己的人，才是真正的强者。

凡事豫則立
不豫則廢

節錄禮記中庸 穎川陳奮武書於福州

陈奋武 书

凡事豫①则立②，不豫则废③。

（《礼记·中庸》）

【注释】

①豫：同“预”，预先，事前作好计划或准备。

②立：成就。

③废：败坏。

【解读】

不论做什么事，事先有准备，就能获得成功，不然就会失败。

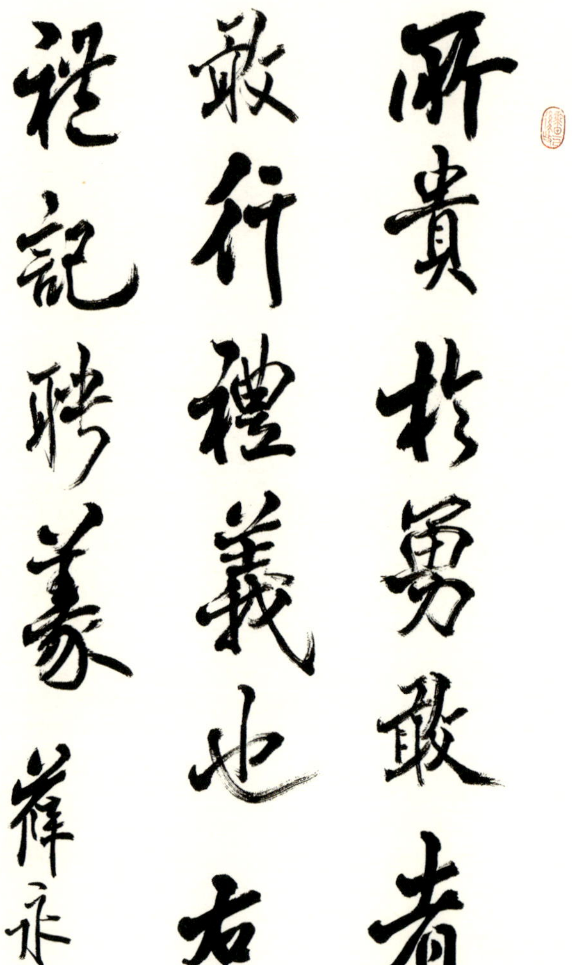
所貴於勇敢者貴其
敢行禮義也右錄
禮記聘義
薛永年

薛永年 书

所贵于勇敢者，贵其敢行礼义也。

（《礼记·聘义》）

【解读】

勇敢的可贵，就在于勇于担当和践行道义。

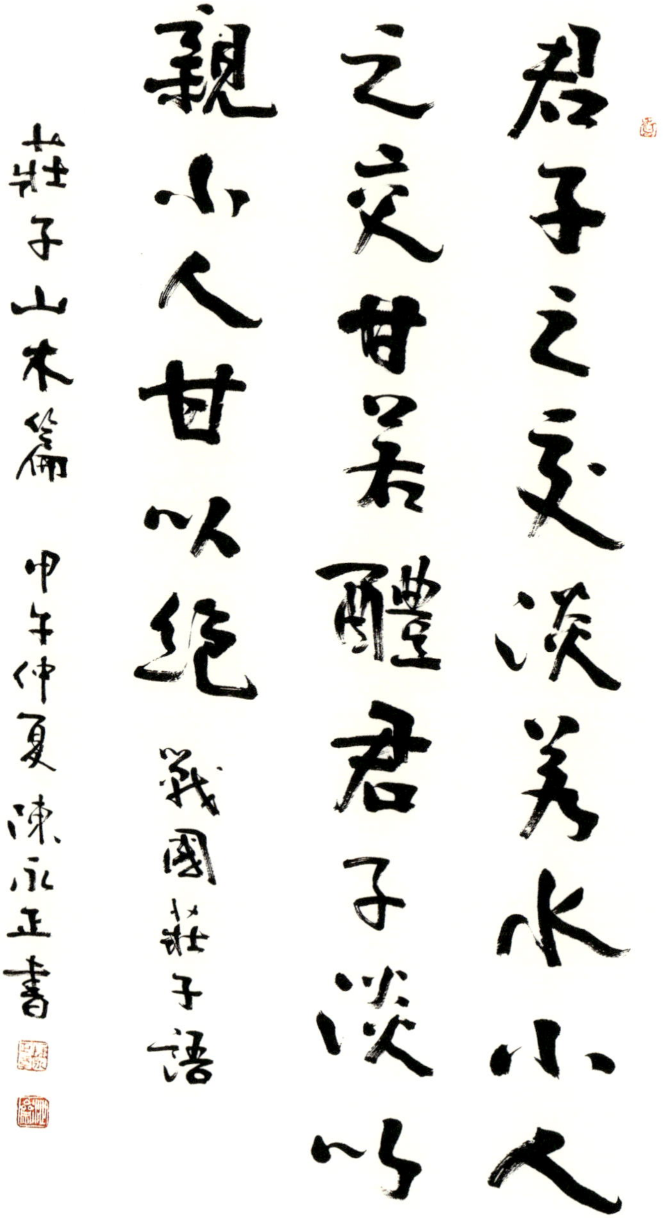
君子之交淡若水小人
之交甘若醴君子淡以
親小人甘以絶
戰國莊子語
莊子山木篇
甲午仲夏 陳永正書

陈永正 书

君子之交淡若水，小人之交甘若醴①；君子淡以亲②，小人甘以绝③。

（战国庄子语，《庄子·山木》）

【注释】

①醴：甜酒。

②亲：亲近。

③绝：中断。

【解读】

君子之间的交往像水一样清淡，小人之间的交往像甜酒一样甜蜜。君子之交虽然清淡却日益亲近，小人之交虽然甜蜜却最终断绝。

先天下之憂而憂

後天下之樂而樂

范仲淹句

甲午 馮驥才

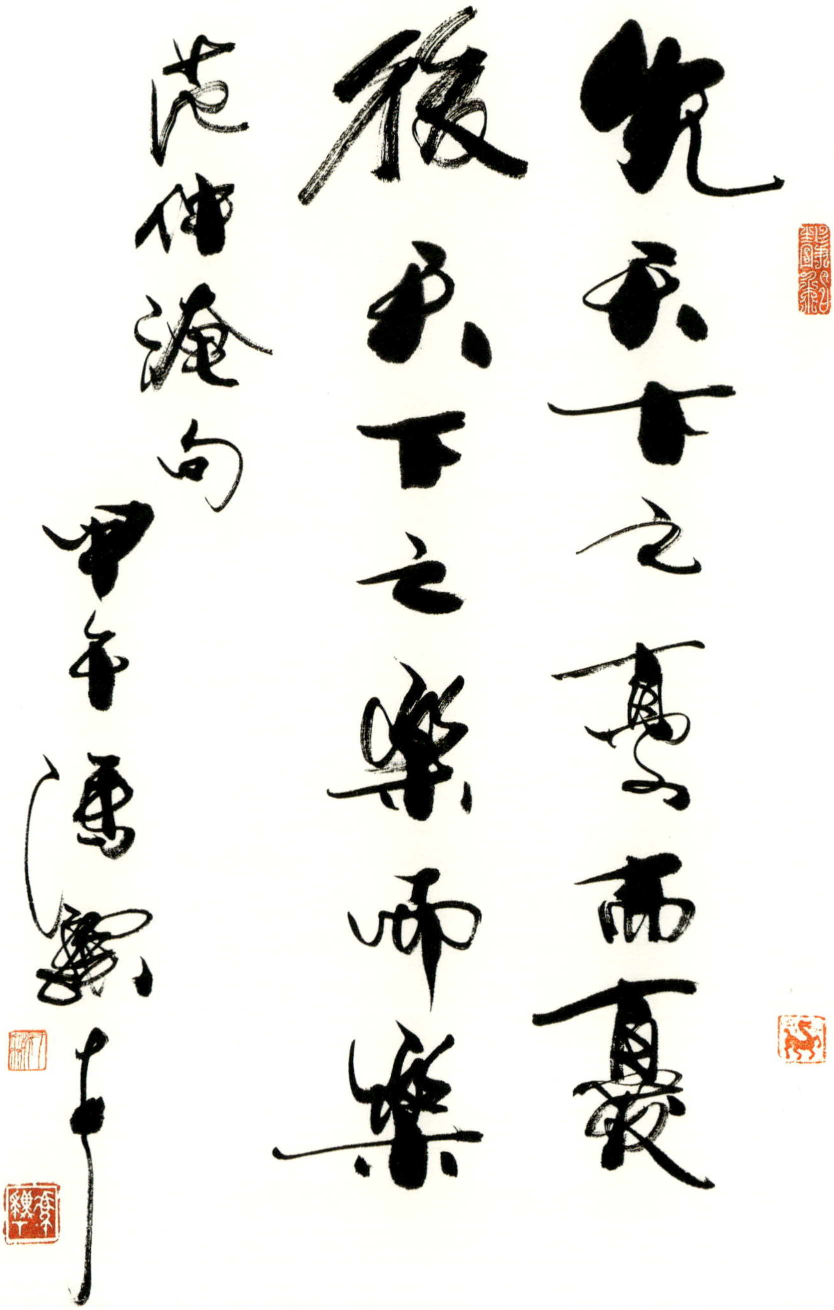

冯骥才 书

先天下之忧而忧，后天下之乐而乐。

（北宋范仲淹语，《岳阳楼记》，《范文正公集》）

【解读】

仁人志士，应该把天下的忧患置于首位，让天下人都安康快乐了，再来寻求自己的安乐。

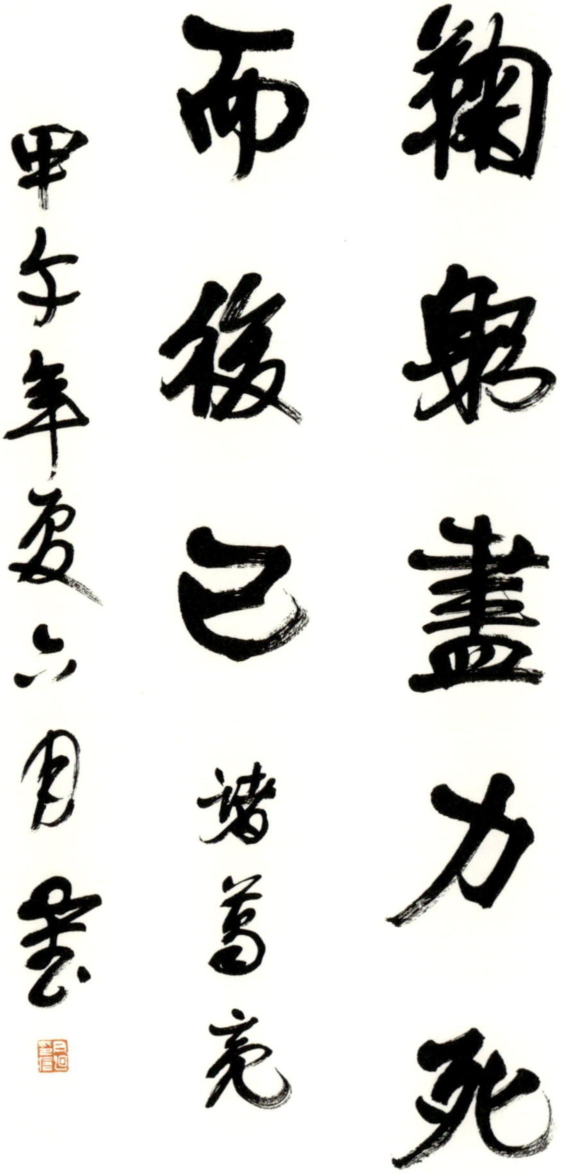

尹旭书

鞠躬①尽力②，死而后已③。

（三国诸葛亮语，三国张俨《默记》）

【注释】

①鞠躬：因操劳而佝偻了身体。

②尽力：竭尽全力。后人亦作“尽瘁”。

③已：停止。

【解读】

忠敬从事，竭尽全力，生命不息，奋斗不止。

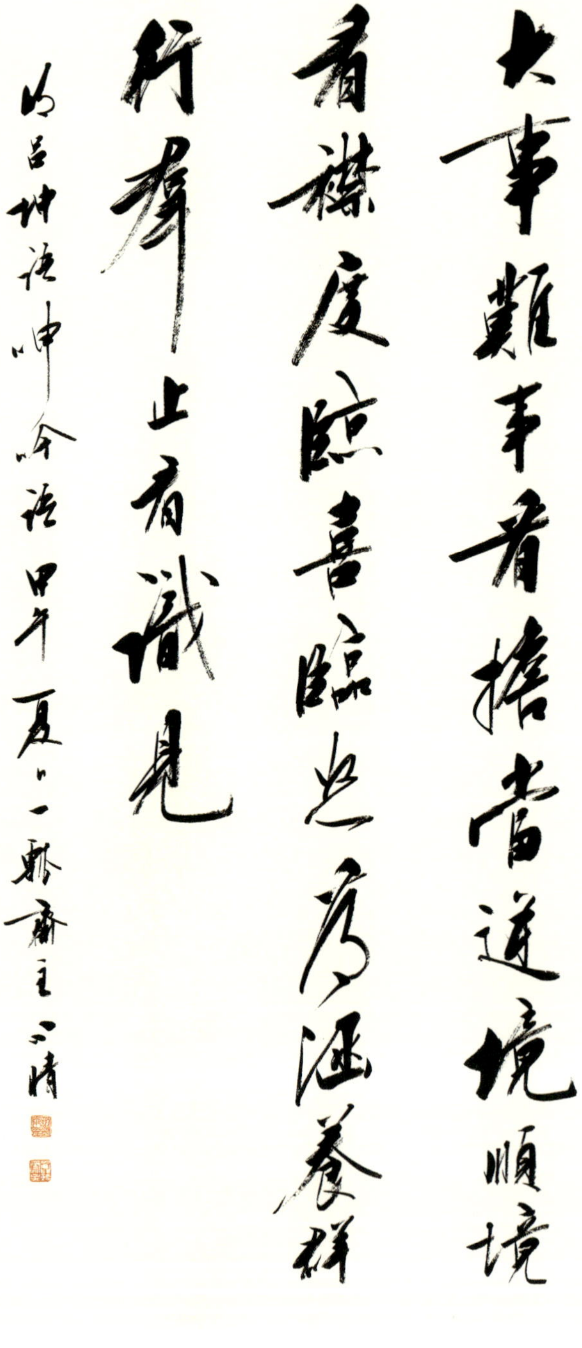
大事難事看擔當
逆境順境看襟度
臨喜臨怒看涵養
群行群止看識見
明呂坤語 呻吟語 甲午夏日
小晴

刘小晴 书

大事难事看担当，逆境顺境看襟度，临喜临怒看涵养，群行群止看识见。

（明吕坤语，《呻吟语》）

【解读】

面对大事或难事，能看出一个人是否有担当；面对逆境或顺境，能看出一个人的胸襟是否宽广；面对让人高兴或愤怒的事情，能看出一个人的修养；众人一同做事的时候，能看出一个人是否有独到的见识。

苟利國家生死以
豈因禍福避趨之

林則徐詩錄 成桂

段成桂 书

苟①利国家生死以②，岂因祸福避趋之。

（清林则徐语，《赴戍登程口占示家人》，《林则徐全集》）

【注释】

①苟：假如、如果。

②生死以：无论生死，置生死于度外。

【解读】

如果对国家有利，那就要置生死于度外，怎么能遇到好事就去追求，遇到危难就去逃避？

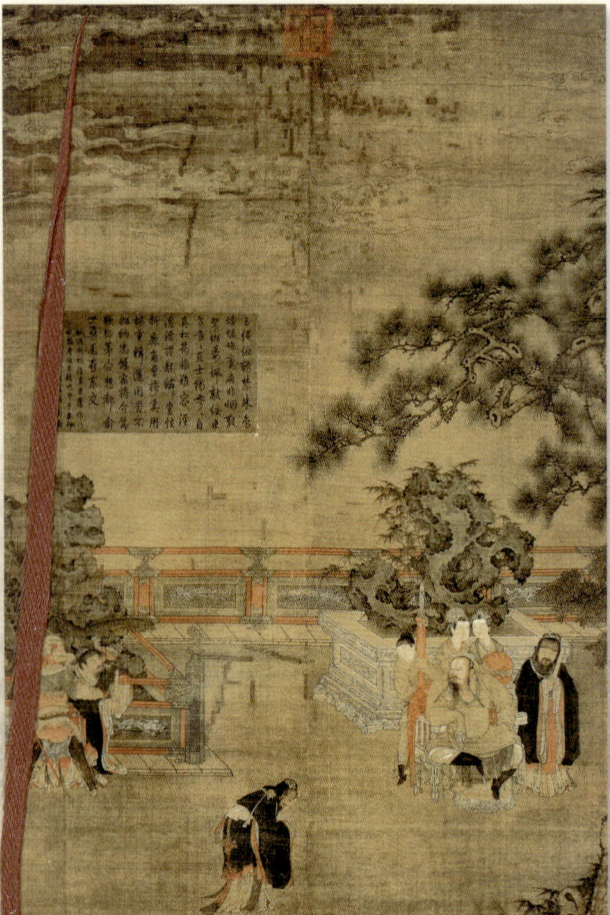

折槛图

【宋】佚名　绢本设色　173.9cm×101.8cm

台北故宫博物院藏

宋人佚名的《折槛图》属于褒忠贬奸的绘画作品，表现东汉大臣朱云冒死弹劾作为汉成帝帝师的奸臣张禹，以致把攀住的栏杆拉断，成功地表现了处于尖锐冲突中的不同人物的性格，突出了朱云『威武不能屈』、『权利不能倾』的一腔正气。

【第五章】

正气

刘一闻　篆刻

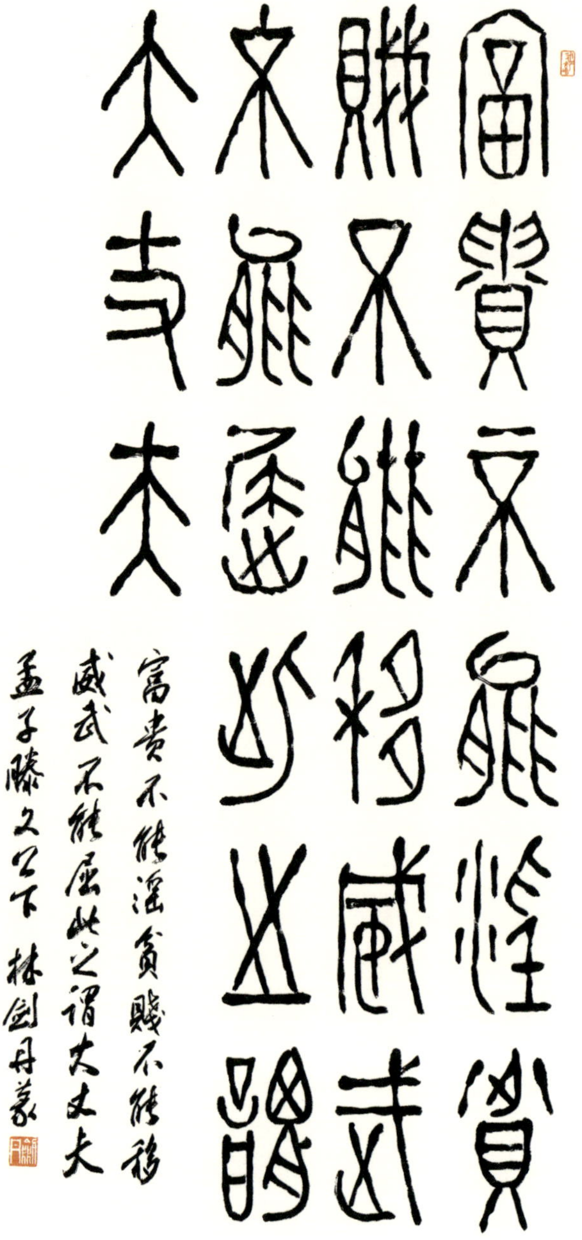
富貴不能淫
貧賤不能移
威武不能屈
此之謂大丈夫
富贵不能淫贫贱不能移
威武不能屈此之谓大丈夫
孟子滕文公下 林剑丹篆

林剑丹 书

富贵不能淫①，贫贱不能移②，威武不能屈③，此之谓大丈夫。

（战国孟子语，《孟子·滕文公下》）

【注释】

①淫：浸染、诱惑。

②移：改变、转移。

③屈：压服。

【解读】

富贵不能使他腐化堕落，贫贱不能使他改变志向，武力不能使他屈服，这样的人才是大丈夫。

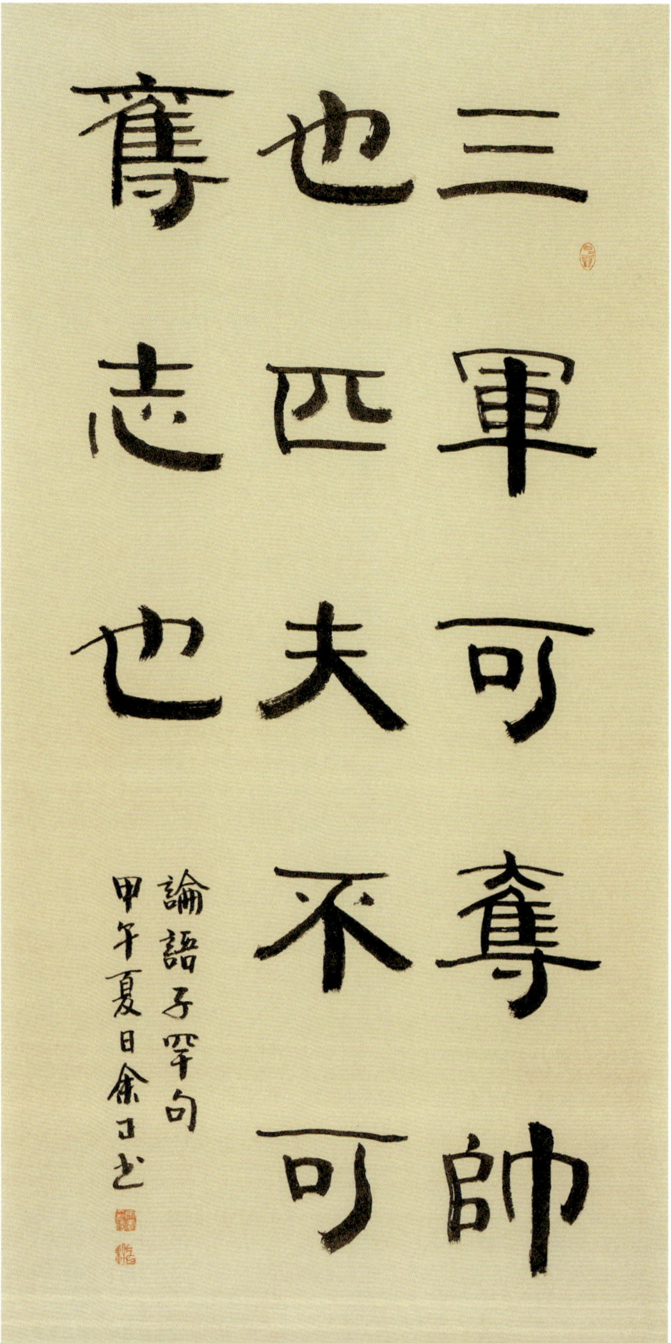
三軍可奪帥
也匹夫不可
奪志也
論語子罕句
甲午夏日余正書

余正书

三军①可夺帅也，匹夫不可夺志也。

（春秋孔子语，《论语·子罕》）

【注释】

①三军：军队的总称。

【解读】

可夺三军之帅，不可夺匹夫之志。本句大意是，外在的力量往往难以改变一个人的意志和人格。

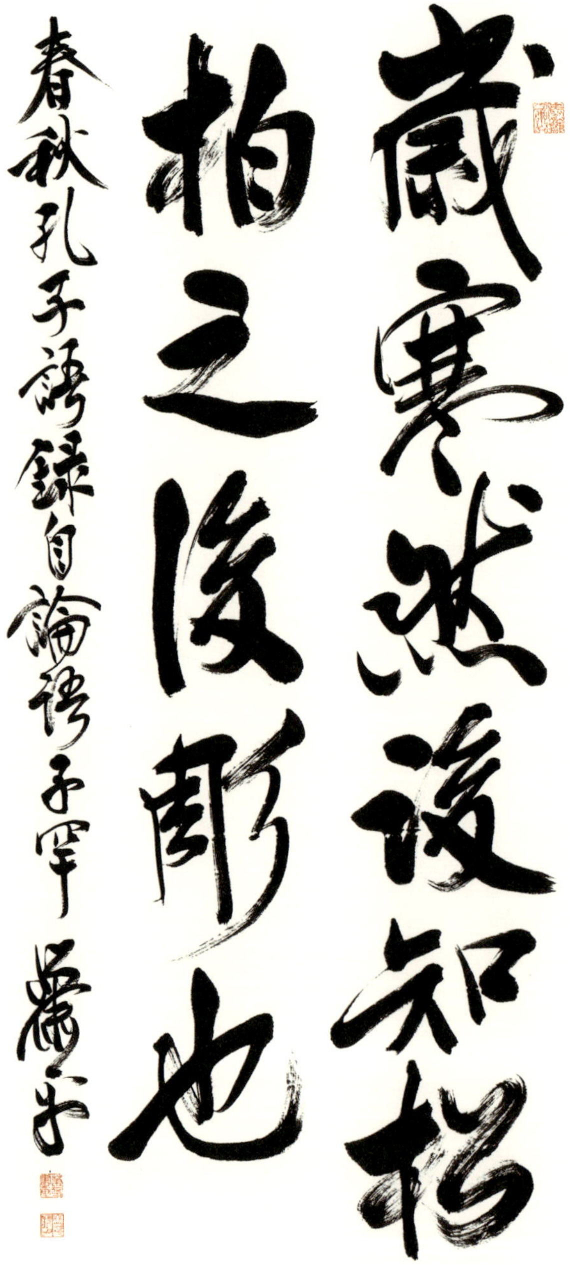

萧平书

岁寒，然后知松柏之后凋①也。

（春秋孔子语，《论语·子罕》）

【注释】

①凋：凋落、零落。

【解读】

天气严寒，其他树木都凋落了，而松柏依然长青、挺拔。本句赞颂松柏不畏严寒的风骨。

權利不能傾也羣衆不能移也天下不能蕩也生乎由是死乎由是夫是之謂德操

錄荀子勸學語句

甲午之夏六月 劉大鈞

刘大钧 书

权利不能倾①也，群众不能移也，天下不能荡②也。生乎由是，死乎由是，夫是之谓德操③。

（战国荀子语，《荀子·劝学》）

【注释】

①倾：倒塌。

②荡：动荡。

③德操：道德高尚的操守。

【解读】

权势的威胁和利益的诱惑不能压倒他，众人的世俗之见不能改变他，社会流行的风尚不能动摇他，生死顺逆都坚持自己的原则，这才叫高尚的操守。

人固有一死或重於泰山或輕於鴻毛用之所趨異也
漢司馬遷報任安書句 甲午六月

金鉴才 书

人固①有一死，死有重于泰山，或轻于鸿②毛，用③之所趋④异⑤也。

（西汉司马迁语，《报任安书》，《汉书·司马迁传》）

【注释】

①固：本来、原来。

②鸿：大雁。

③用：因为。

④趋：追求。

⑤异：不同。

【解读】

人总是要死亡的，有些人的死比泰山还重，有些人的死比大雁的羽毛还轻，这是因为他们所追求的生命价值不同。

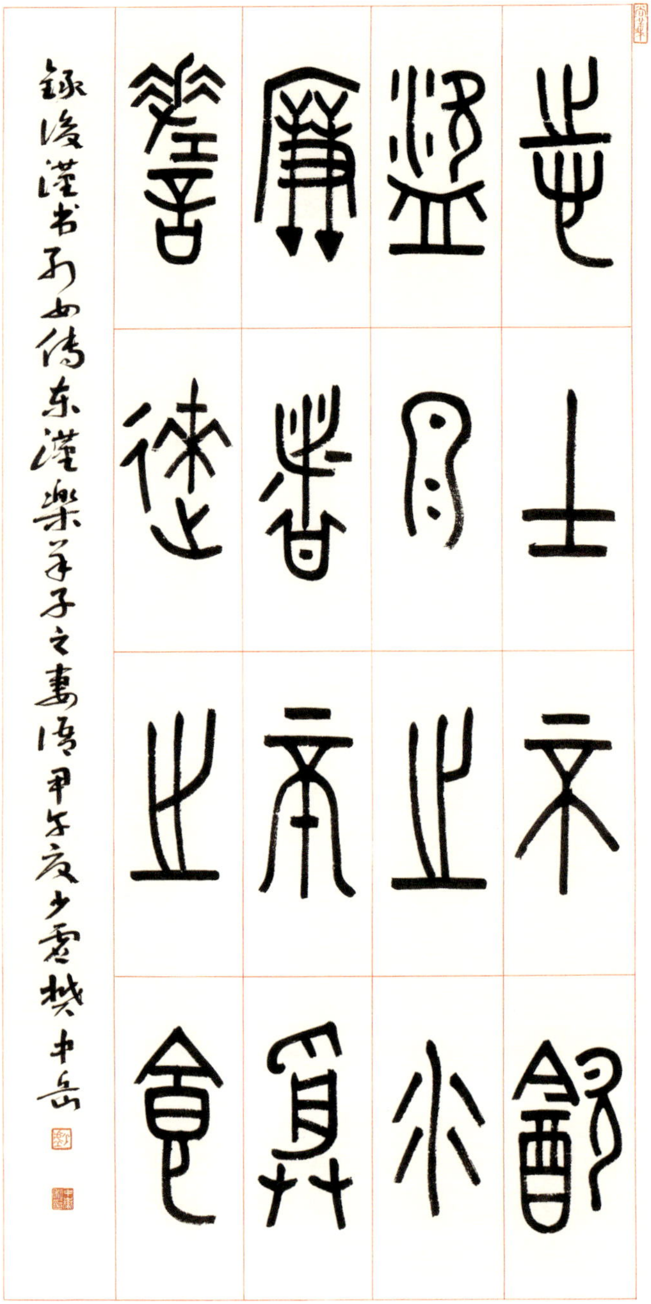

樊中岳 书

志士不饮盗泉[1]之水，廉[2]者不受嗟来[3]之食。

（东汉乐羊子之妻语，《后汉书·列女传》）

【注释】

①盗泉：古代传说中的泉名，据传故址在山东泗水县。“盗泉之水”比喻不正当的利益。

②廉：行为端方，有气节。

③嗟来：喊人过来。

【解读】

有志气的人连以“盗泉”命名的水都不饮用，有气节的人不接受带有侮辱性的施舍。

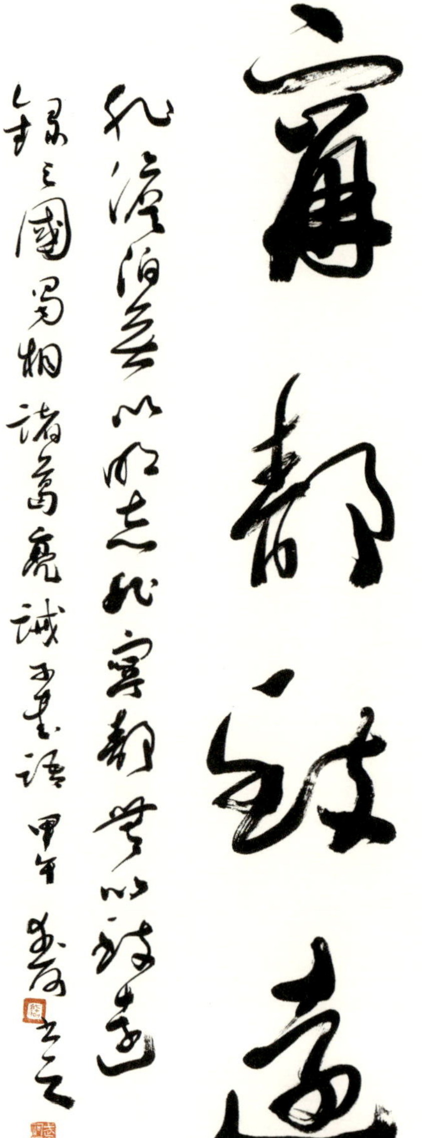

武春河 书

非淡泊无以明志，非宁静无以致远。

（三国诸葛亮语，《诫子书》，《诸葛亮集》）

【解读】

不淡泊名利，就难以彰显自己的志向；做不到内心的宁静，就难以实现远大的目标。

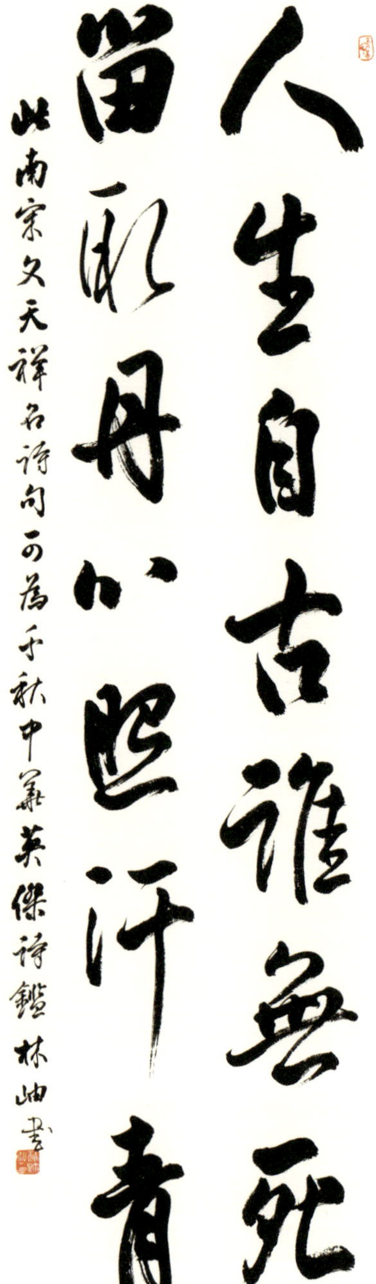

林岫书

人生自古谁无死，留取丹心[1]照汗青[2]。

（南宋文天祥语，《过零丁洋》，《文山先生全集》）

【注释】

①丹心：红心，喻指忠心。

②汗青：古人在竹简上书写，先以火烤竹去湿，再刮去竹青部分，以便于书写和防蛀，称为“汗青”，在这里借指史书。

【解读】

自古以来有谁能长生不死？赤胆忠心，以身报国，才能名垂青史。

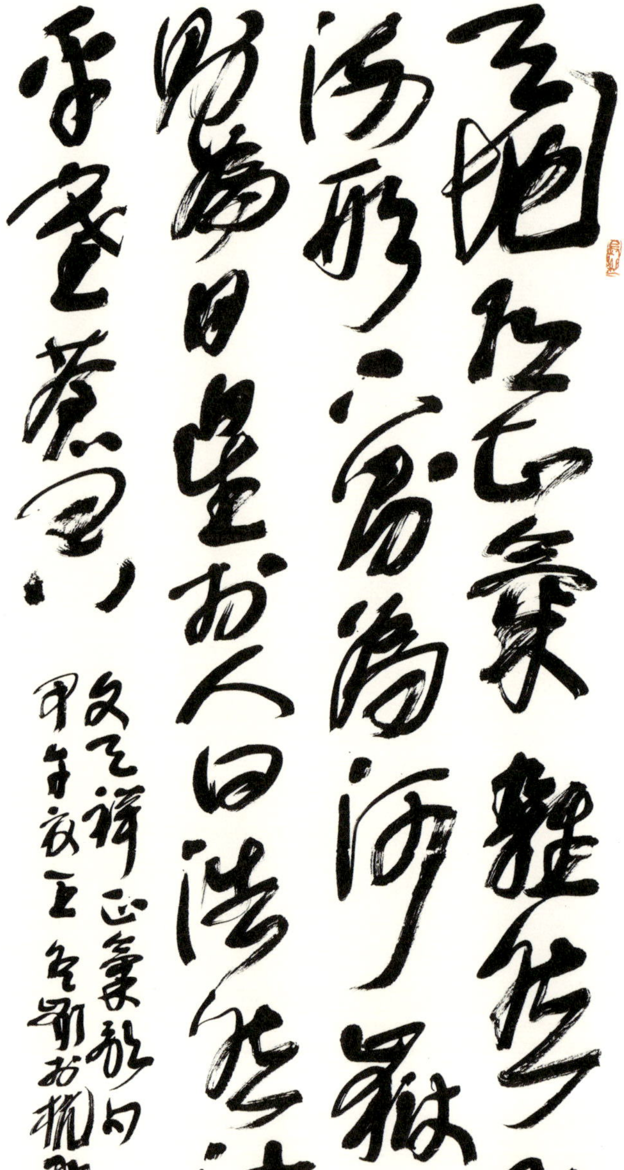

王冬龄 书

天地有正气，杂①然赋②流形③。下则为河岳，上则为日星。于人曰浩然④，沛⑤乎塞苍冥⑥。

（南宋文天祥语，《正气歌》，《文山先生全集》）

【注释】

①杂：聚集、集合。

②赋：授与、给与。引申为禀受、天赋。

③流形：万物运动变化的形体。

④浩然：正大豪迈。

⑤沛：盛大的样子。

⑥苍冥：苍天、宇宙。

【解读】

充塞天地之间的正气，聚集起来形成了运动变化的天地万物。在大地上表现为江河山岳，在天空中呈现为日月星辰。对人而言，就是正大豪迈的浩然之气，它不断扩大，充塞整个宇宙。

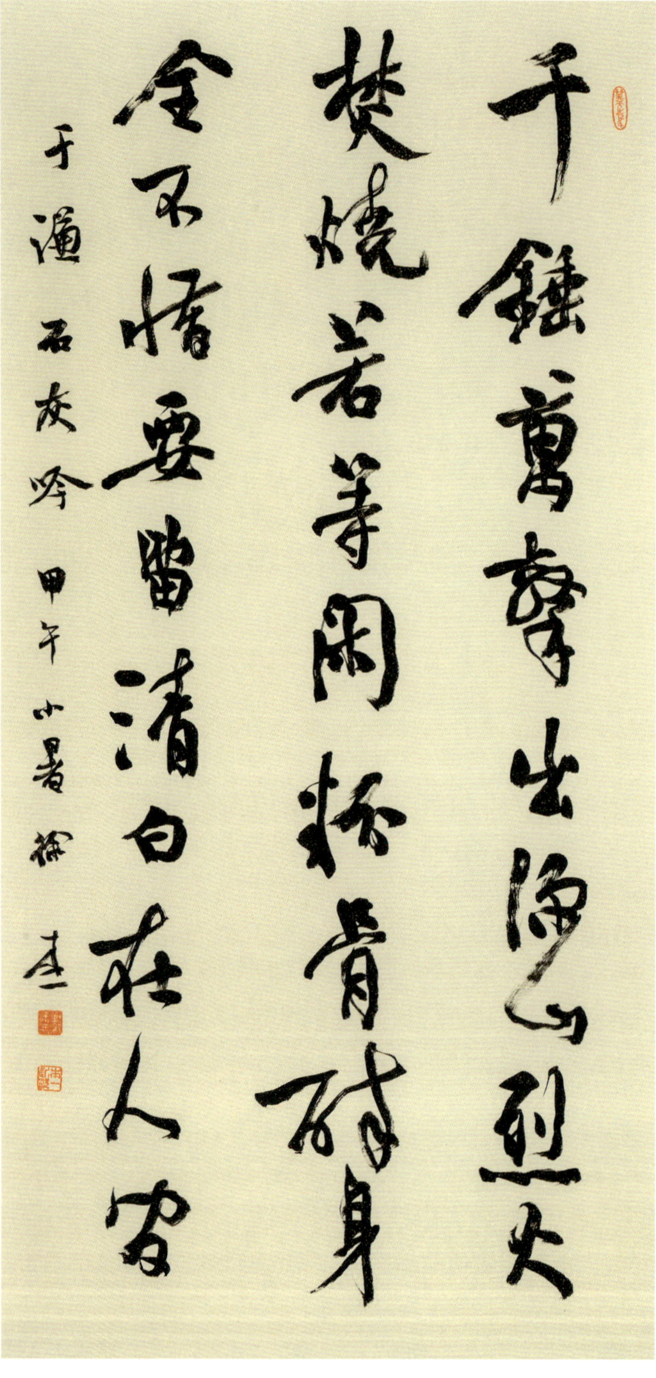
千錘萬擊出深山烈火
焚燒若等閑粉骨碎身
全不怕要留清白在人家
于謙石灰吟 甲午小暑 徐本一

徐本一 书

千锤万击出深山，烈火焚烧若等闲①。粉骨碎身全不惜，要留清白②在人间。

（明于谦语，《石灰吟》，《于谦集》）

【注释】

①等闲：平常。

②清白：喻指高尚的情操。

【解读】

千万次的敲击锤炼，把石头从深山里开采出来，烈火的焚烧对它是很平常的事。即使粉身碎骨也在所不惜，目的是要把清白留在人间。本诗借石灰喻指忠贞之士有时候会历经磨难，甚至付出生命的代价，但他们坚守信念，死而无悔。

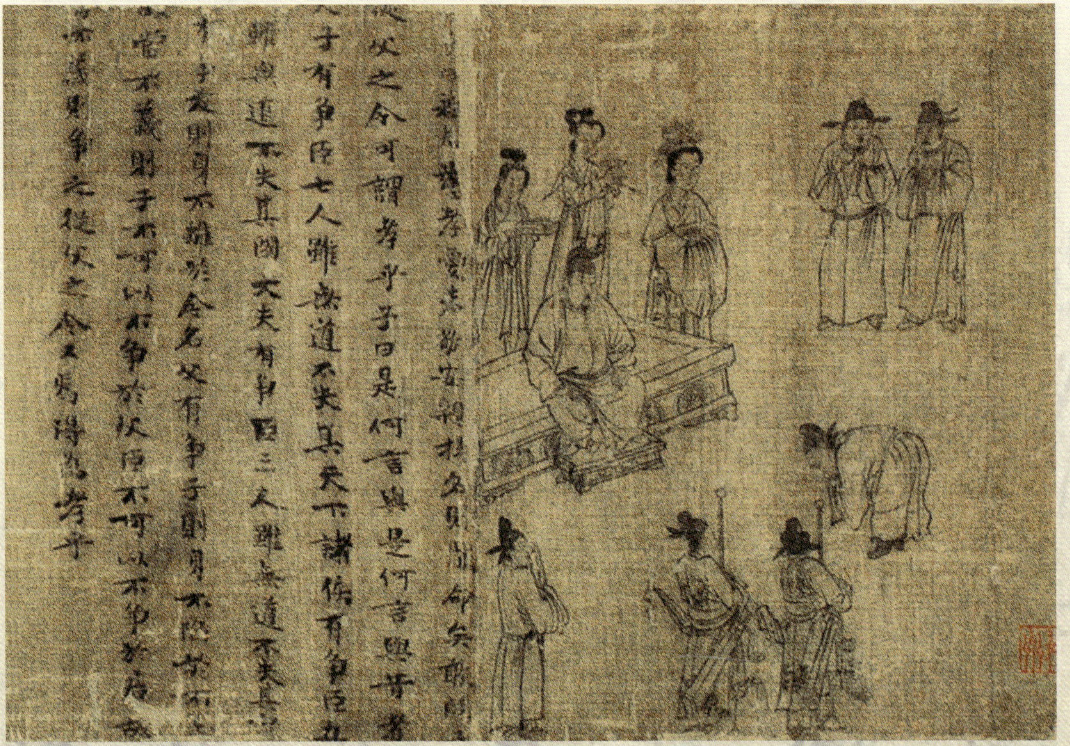

孝经图（局部）

【宋】李公麟　绢本水墨　21.9cmx475.6cm

美国大都会艺术博物馆藏

《孝经》以孝为诸德之本，集中地阐述了儒家的伦理思想。北宋李公麟以白描手法，据以绘制成一共十五段的画卷，以行楷书书写宋本《古文孝经》。图画匹配，相得益彰，画法精纯，书法古雅。其近乎『左图右史』的方式沿袭了汉魏以来的人物画的传统，践行了绘画『成教化、助人伦』的功能。

【第六章】

孝慈

崔志强　篆刻

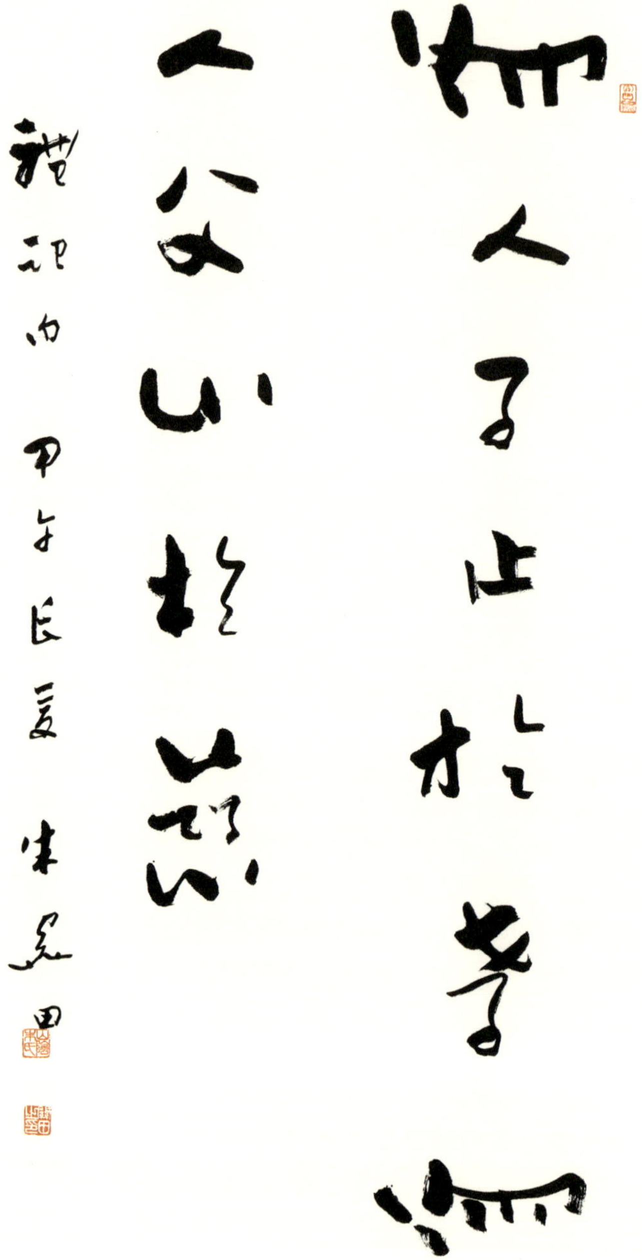

朱关田书

为人子，止于孝；为人父，止于慈。

（《礼记·大学》）

【解读】

作为子女应当以孝顺为基本道德，作为父母应当以慈爱为基本道德。

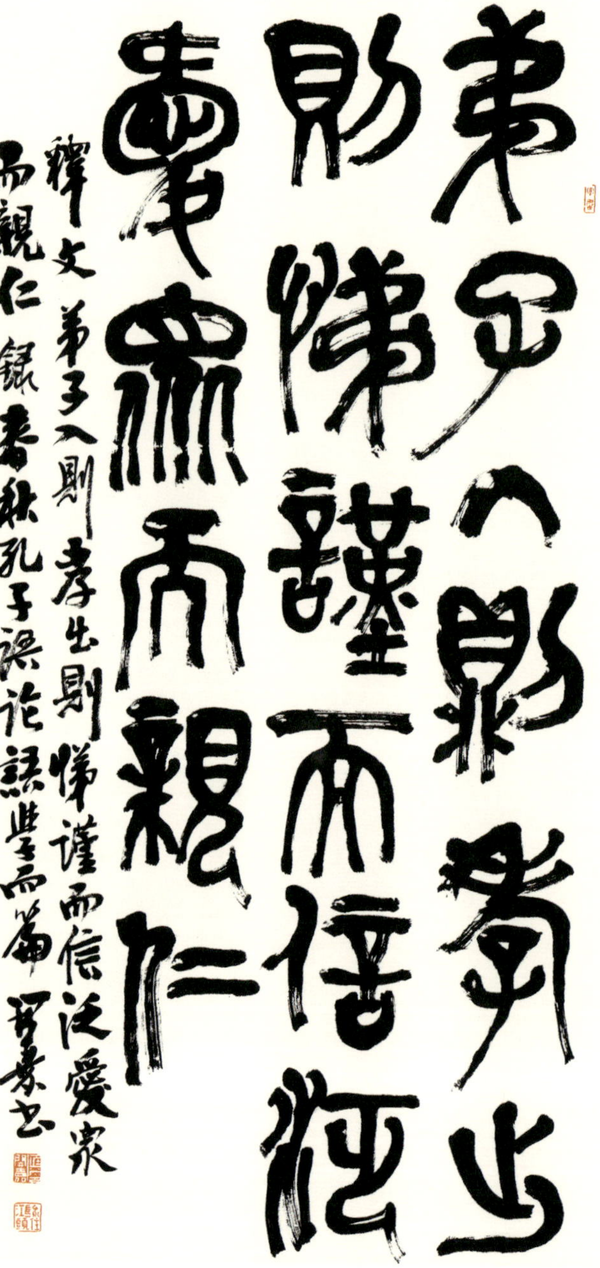
弟子入則孝出則悌謹而信汎愛衆而親仁
釋文 弟子入則孝出則悌謹而信汎愛衆
而親仁 錄春秋孔子語論語學而篇 開嘉書

侯开嘉 书

弟子入①则孝，出②则悌③，谨而信，泛爱众而亲仁④。

（春秋孔子语，《论语·学而》）

【注释】

①入：在家。

②出：在外。

③悌：尊敬兄长。

④仁：仁人，即有德行的人。

【解读】

少年子弟无论居家或外出，都应当孝敬父母，尊敬兄长，谨慎诚实，与人为善，亲近有德行的人。

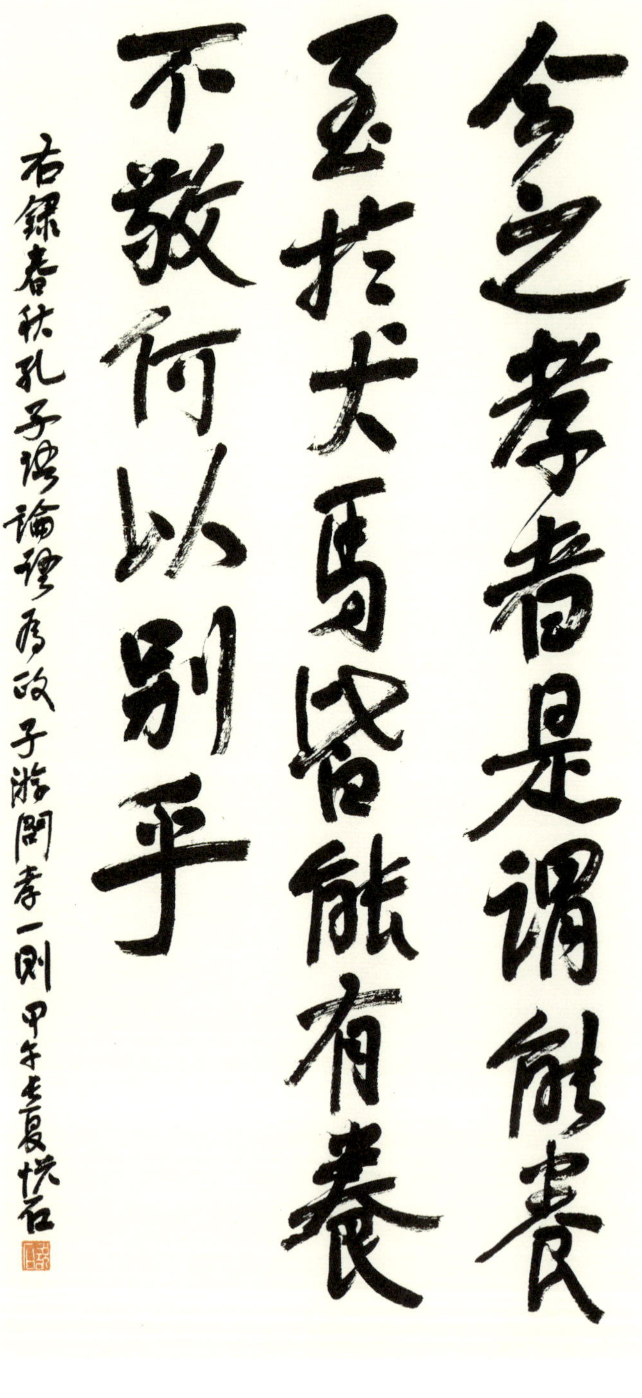
今之孝者是谓能养
至于犬马皆能有养
不敬何以别乎
右录春秋孔子论语为政 子游问孝一则 甲午长夏悦石

吴悦石 书

今之孝者，是谓能养。至于犬马，皆能有养；不敬，何以别乎？

（春秋孔子语，《论语·为政》）

【解读】

现在把“孝”理解为“能养活”，其实犬马也能得到饲养，如果没有“敬”，人对父母的孝和对犬马的饲养就没有区别了。本句意在说明，孝的价值内核是爱敬。

春秋孔子語孝經云
夫孝天之經也地之義
也民之行也

甲午之夏　一壺恭錄

夫孝，天之经①也，地之义也②，民之行也。

（春秋孔子语，《孝经》）

【注释】

①经：法则。

②义：规范。

【解读】

孝道，是天经地义的，是人们必须遵守的行为准则。

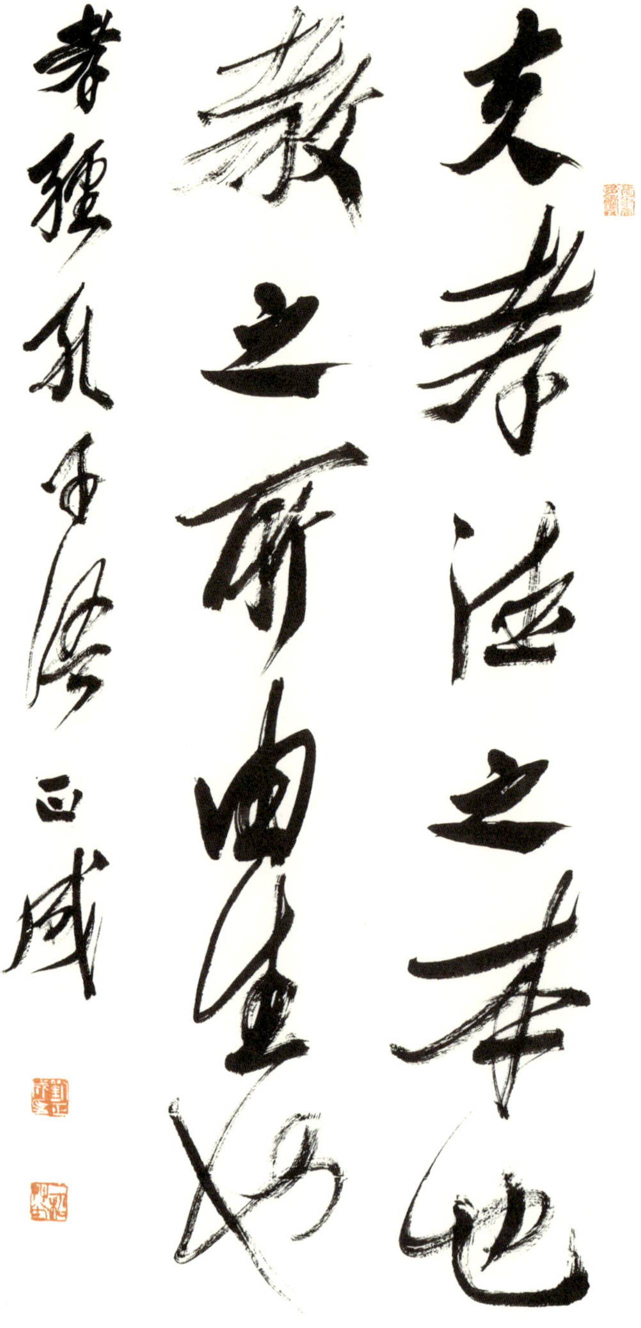
夫孝德之本也
教之所由生也

刘正成 书

夫孝，德之本也，教[1]之所由生也。

（春秋孔子语，《孝经》）

【注释】

①教：教化。

【解读】

孝，是一切德行品质的根本，一切德育养成都是从践行孝道开始的。

孝子之事親也居則致
其敬養則致其樂病則
致其憂喪則致其哀祭
則致其嚴五者備矣然
後能事親

歲在甲午年 燕人康庄

康庄书

孝子之事亲也，居①则致②其敬，养则致其乐，病则致其忧，丧则致其哀，祭则致其严③。五者备矣，然后能事亲。

（春秋孔子语，《孝经》）

【注释】

①居：家居。

②致：尽力做到。

③严：庄严。

【解读】

孝子侍奉父母，平日居家的时候尽孝敬之心，赡养父母的时候和颜悦色，父母生病的时候忧心不已，办理父母丧事的时候非常哀痛，祭祀父母的时候肃穆庄严。做到了这五点，才算尽孝心侍奉双亲。

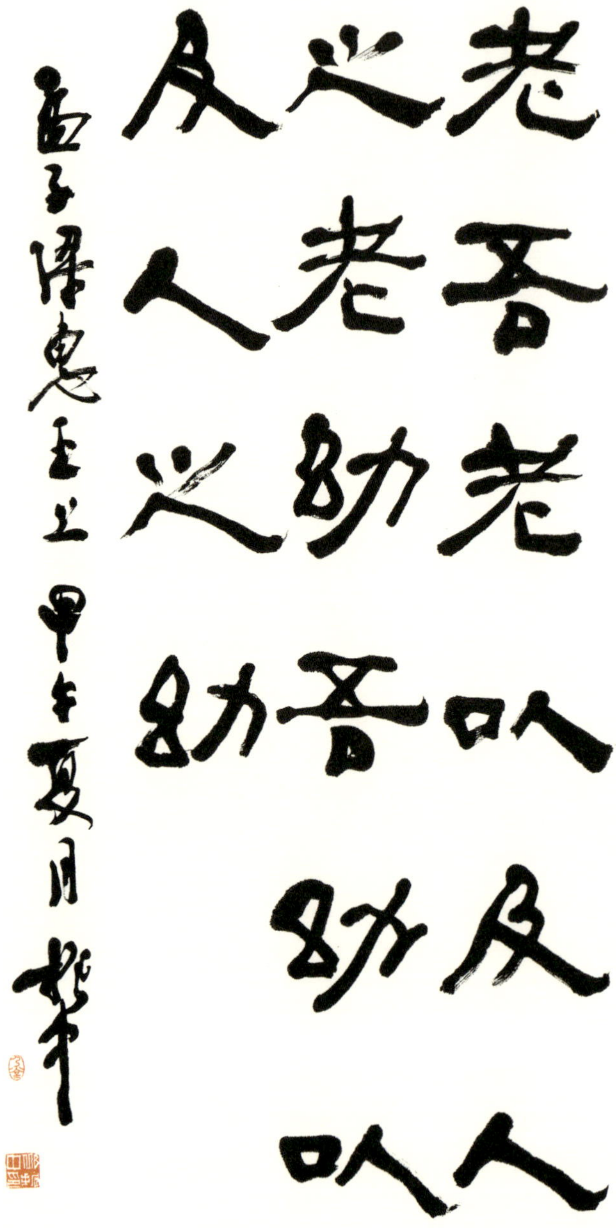
老吾老以及人之老幼吾幼以及人之幼
孟子梁惠王上 甲午夏月 振中

邱振中 书

老[1]吾老[2]，以及[3]人之老；幼[4]吾幼[5]，以及人之幼。

（战国孟子语，《孟子·梁惠王上》）

【注释】

①老：尊敬。

②老：老人、长辈。

③及：推及。

④幼：爱护。

⑤幼：孩子。

【解读】

尊敬自家的老人是应该的，同时对别人家的老人也应该尊敬。爱护自家的孩子是应该的，同时也应该爱护别人家的孩子。

人人親其親長其長而天下平

戰國 孟子語

孟子離婁上 甲午歲小暑 華人德書於吳中

华人德 书

人人亲①其亲②、长③其长④，而天下平。

（战国孟子语，《孟子·离娄上》）

【注释】

①亲：亲爱。

②亲：父母。

③长：敬爱。

④长：长辈。

【解读】

人人都亲爱自己的父母，尊敬自己的长辈，就会家庭和睦、社会安定。

黄惇书

子孝双亲乐，家和万事成。

（明范立本辑录，《明心宝鉴》）

【解读】

子女孝顺则父母开心，家庭和睦做什么事就容易成功。

萱母平生殊慈爱不论

时时望室儿至儿归之寸草心

根向三春晖

庚辰郭沫若游子吟诗句

作云

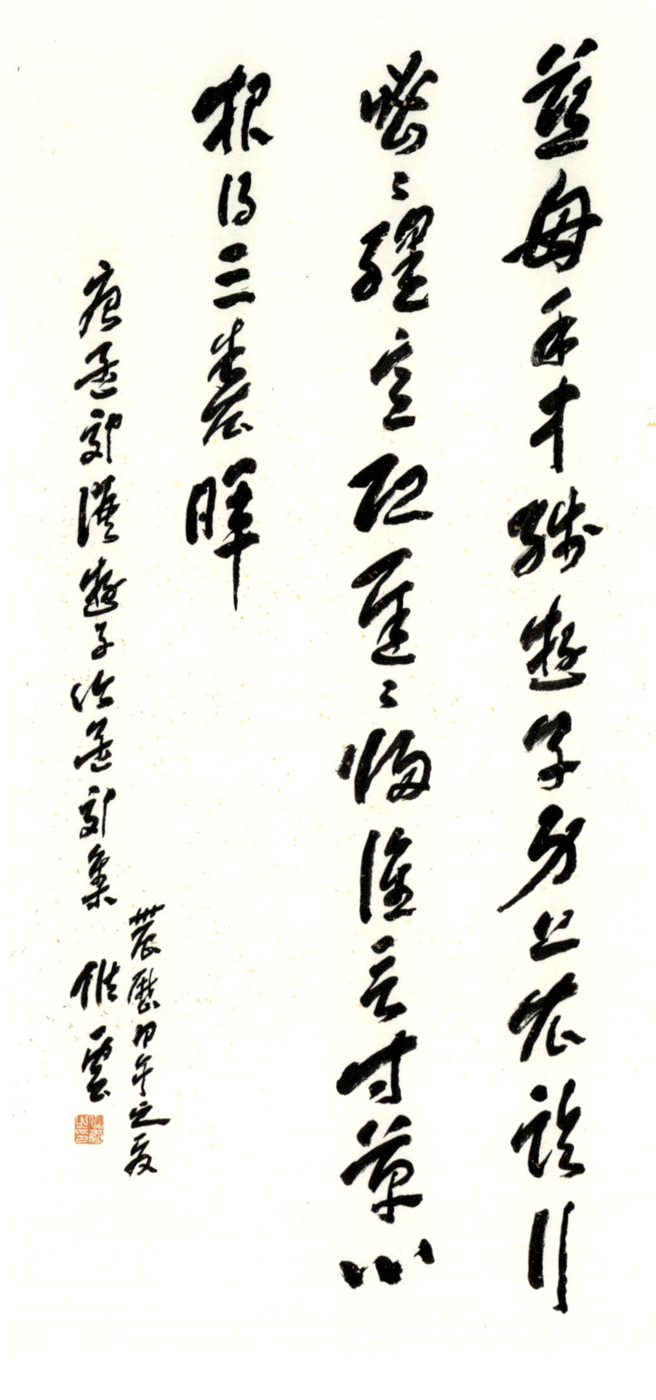

储
云
书

慈母手中线，游子①身上衣。临行密密缝，意恐②迟迟归。谁言寸草心，报得三春③晖④？

（唐孟郊语，《游子吟》，《孟郊集》）

【注释】

①游子：出门远游的人。

②意恐：担心。

③三春：古人将春季分为孟春、仲春、季春。

④晖：阳光。此处引喻为慈母的恩德。

【解读】

慈祥的母亲手里拿着针线，为将要远游的孩子赶制新衣。临行她缝得格外仔细，担心孩子这一走，很久才能回来。小草的感恩之心，怎能报答春天的阳光对它的哺育？离家外出的游子，又何以报答慈母的恩德？

出水芙蓉图

【宋】吴炳　绢本设色　23.81cm×25.1cm

北京故宫博物院藏

南宋画家吴炳所作的《出水芙蓉图》纨扇面，纯粹用彩色描绘，表现在绿叶衬托下，一朵娇艳而纯洁的荷花正在盛开，鲜活饱满，如闻清香。极易使人想到北宋儒家周敦颐《爱莲说》中说称赞的『出淤泥而不染，濯清涟而不妖』的洁身自好的高洁品格。

【第七章】

廉耻

徐正濂　篆刻

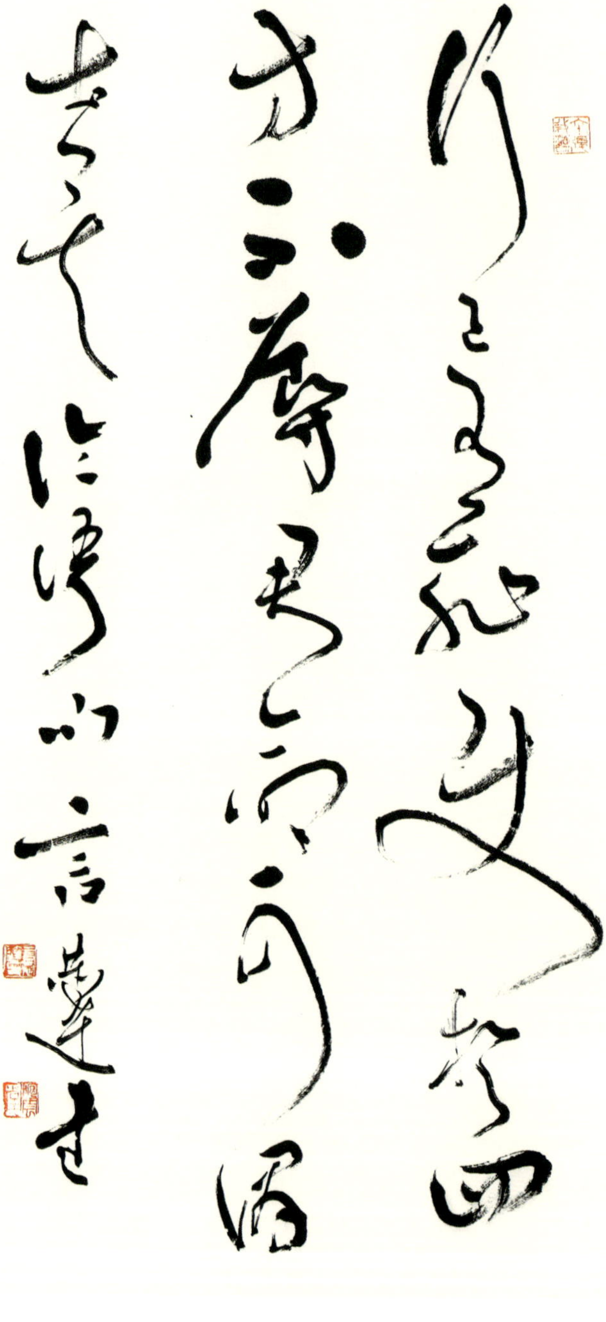

言恭达 书

行己[1]有耻，使于四方[2]，不辱君命，可谓士矣。

（春秋孔子语，《论语·子路》）

【注释】

①行己：立身行事。

②四方：指东、南、西、北的各个国家。

【解读】

做人懂得自重和廉耻，出使在外不辱使命，这样的人可称为“士”。

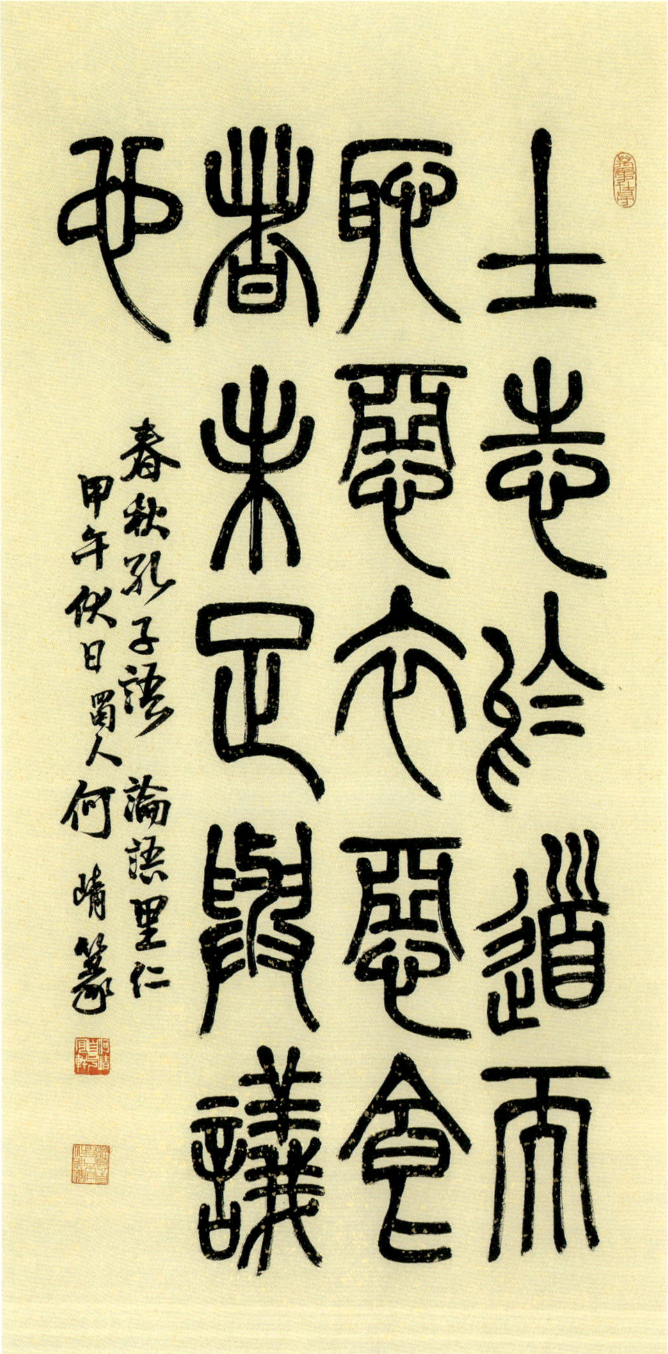

何靖书

士志于道，而耻恶衣恶食者，未足与议也。

（春秋孔子语，《论语·里仁》）

【解读】

读书人有志于追求真理，但又以穿破衣、吃粗粮为耻辱，不值得与这种人共商大事。

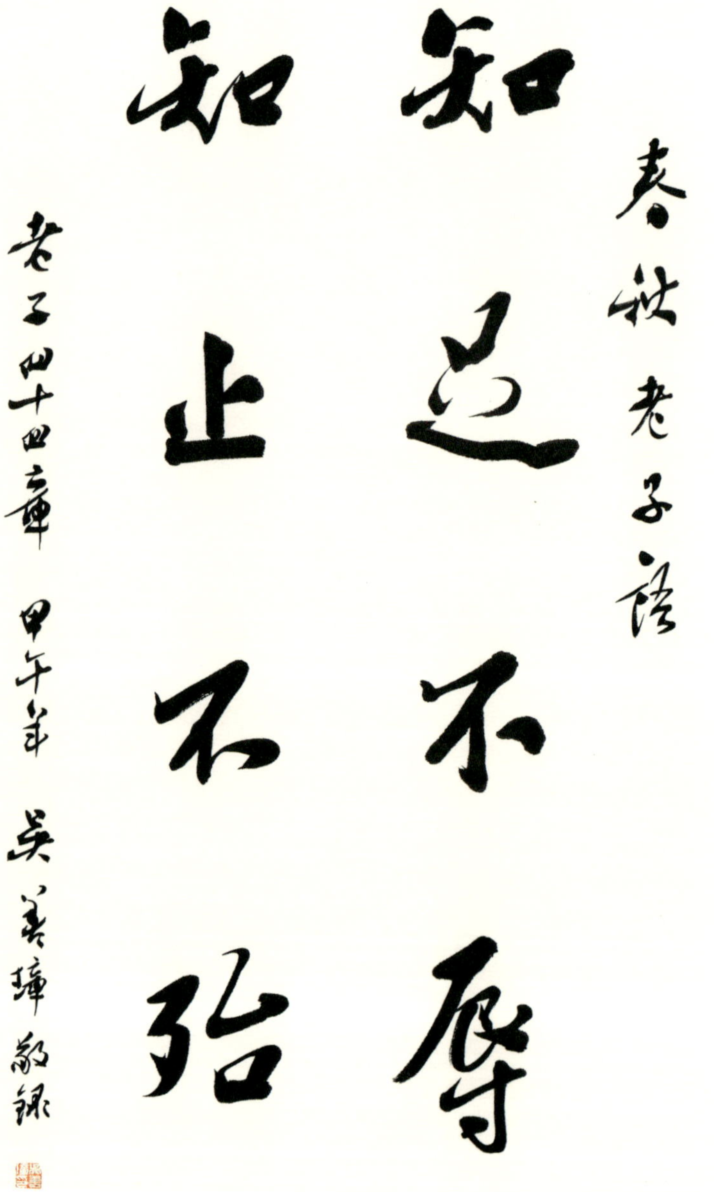
春秋老子语
知足不辱
知止不殆
老子四十四章 甲午年 吴善璋敬录

吴善璋 书

知足不辱，知止不殆①。

（春秋老子语，《老子·四十四章》）

【注释】

①殆：危险。

【解读】

一个人知道满足，就不会遭到羞辱；凡事适可而止，就不会有大的危险。

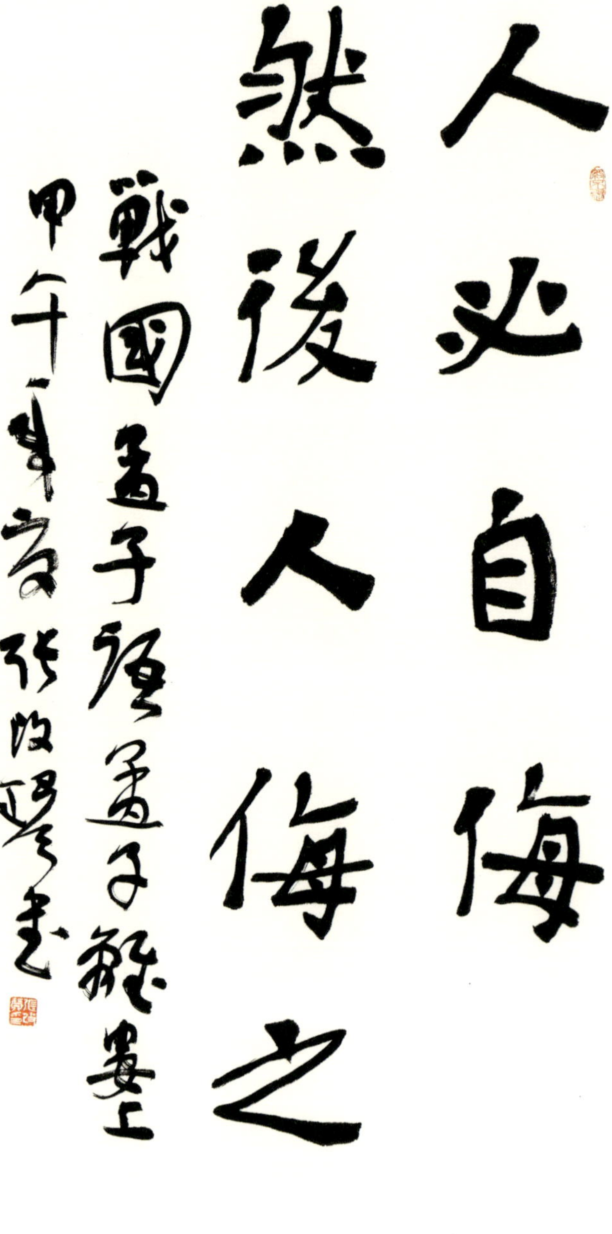
人必自侮
然後人侮之
戰國孟子語 孟子離婁上
甲午年夏 張改琴書

张改琴 书

人必自侮，然后人侮之。

（战国孟子语，《孟子·离娄上》）

【解读】

一个人总是先有自取其辱的行为，别人才会侮辱他。

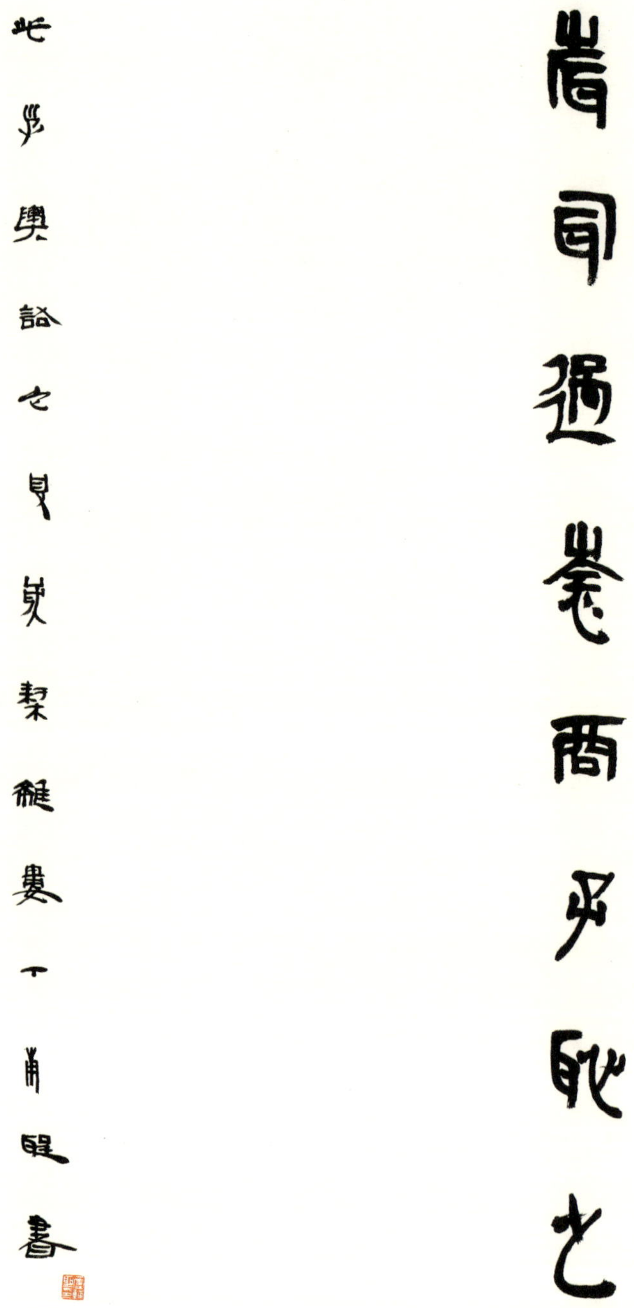

卢甫圣 书

声闻①过情②，君子耻之。

（战国孟子语，《孟子·离娄下》）

【注释】

①声闻：声望、名誉。

②情：实际情况。

【解读】

声望名誉超过了实际情形，一个有德行的人会感到可耻。

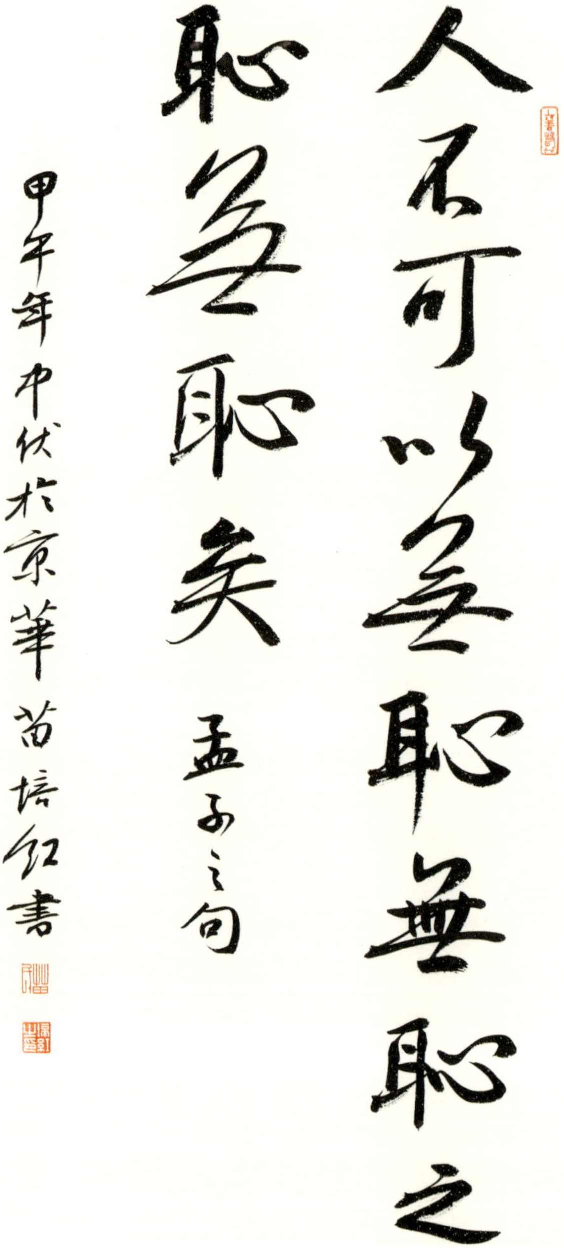
人不可以無恥無恥之
恥無恥矣
孟子之句
甲午年中伏於京華苗培紅書

苗培红 书

人不可以无耻，无耻之耻，无耻矣。

（战国孟子语，《孟子·尽心上》）

【解读】

人不可以没有羞耻，不知羞耻的那种羞耻，真是无耻啊。

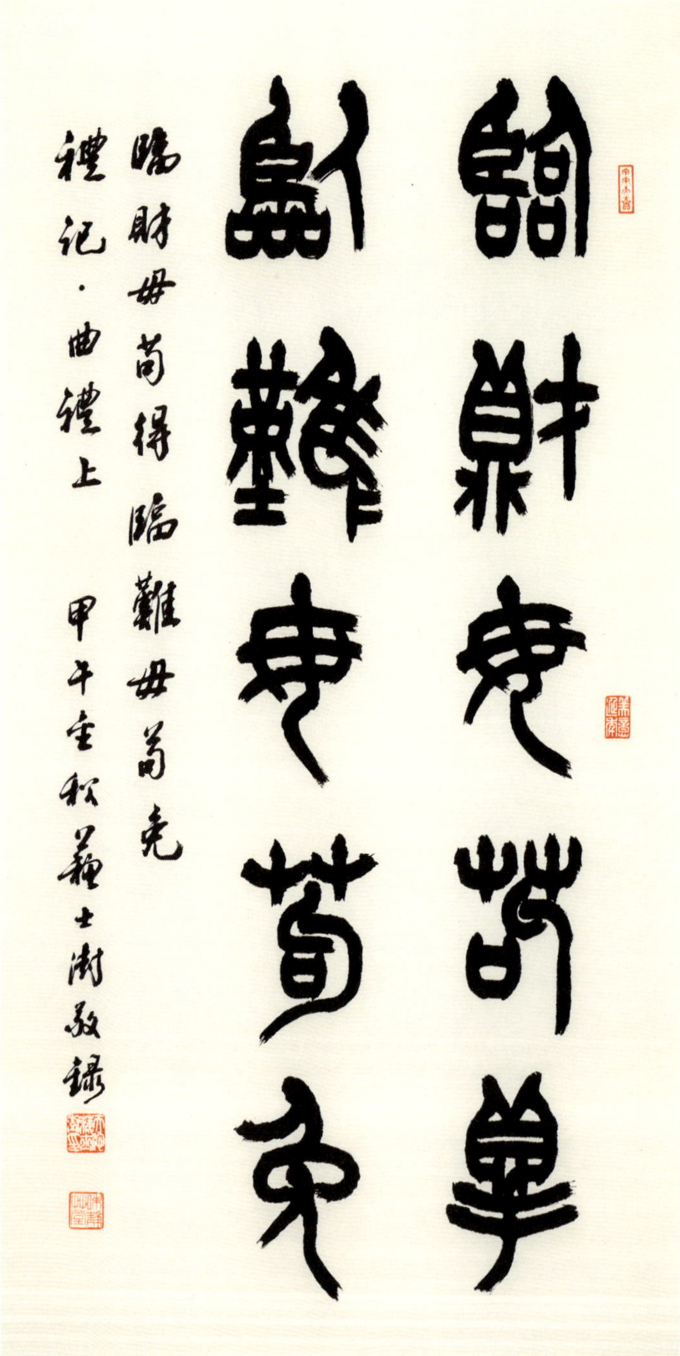
臨財毋苟得
臨難毋苟免
臨財毋苟得臨難毋苟免
禮記·曲禮上
甲午金秋蘇士澍敬録

苏士澍 书

临财毋①苟②得，临难③毋苟免。

（《礼记·曲礼上》）

【注释】

①毋：不要。

②苟：随意。

③难（nàn）：灾祸。

【解读】

面对财富不能随意攫取，面对灾祸不能随意躲避，要考虑是否合乎道义的要求。

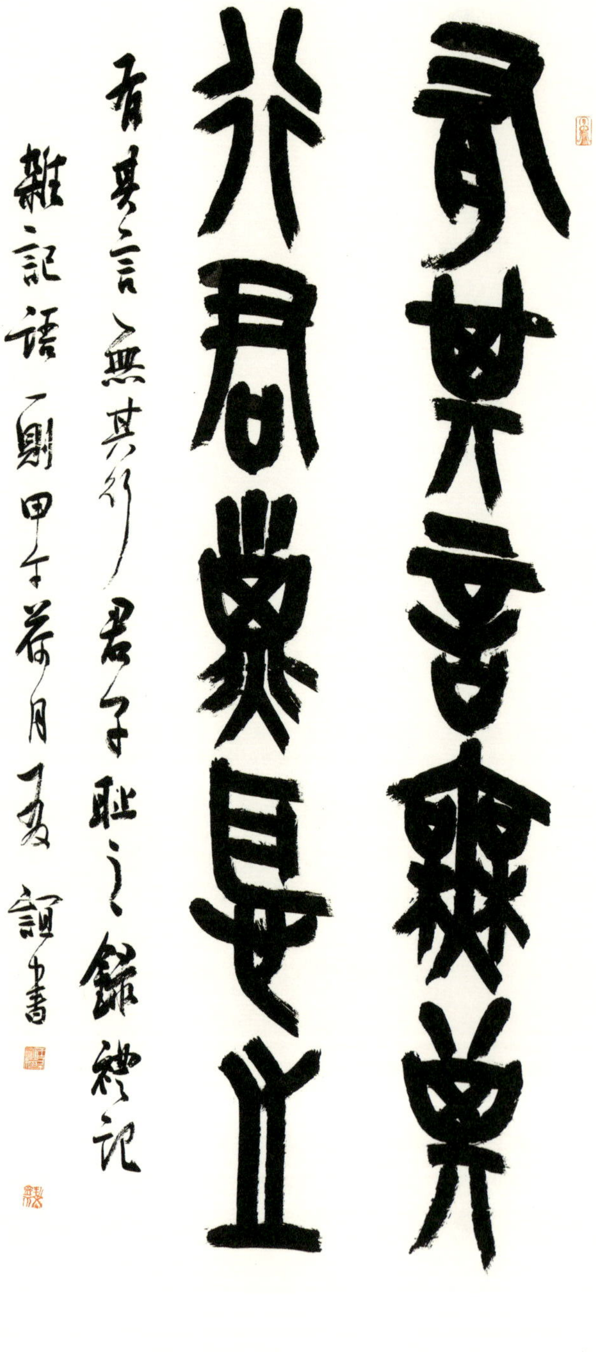

王友谊 书

有其言，无其行，君子耻之。

（《礼记·杂记下》）

【解读】

夸夸其谈而没有实际行动，君子认为这是耻辱。

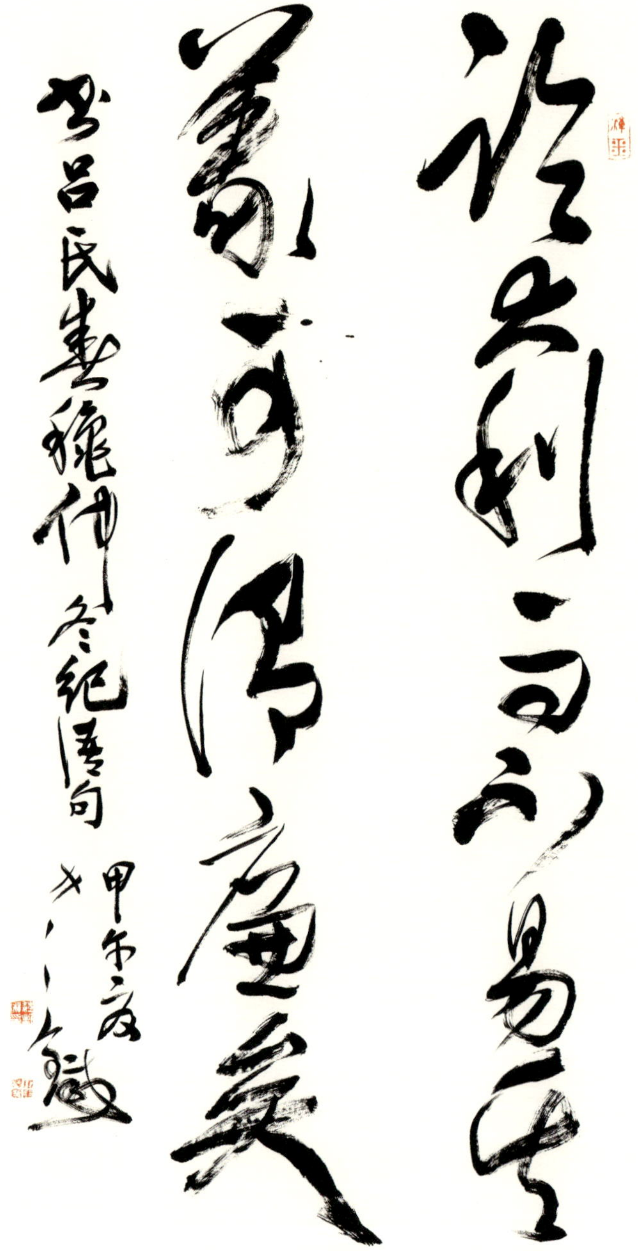

魏哲书

临大利而不易①其义，可谓廉②矣。

（《吕氏春秋·仲冬纪》）

【注释】

①易：改变。

②廉：讲究原则和操守的德行。

【解读】

面对巨大的利益诱惑而不改变气节，可称得上“廉”。

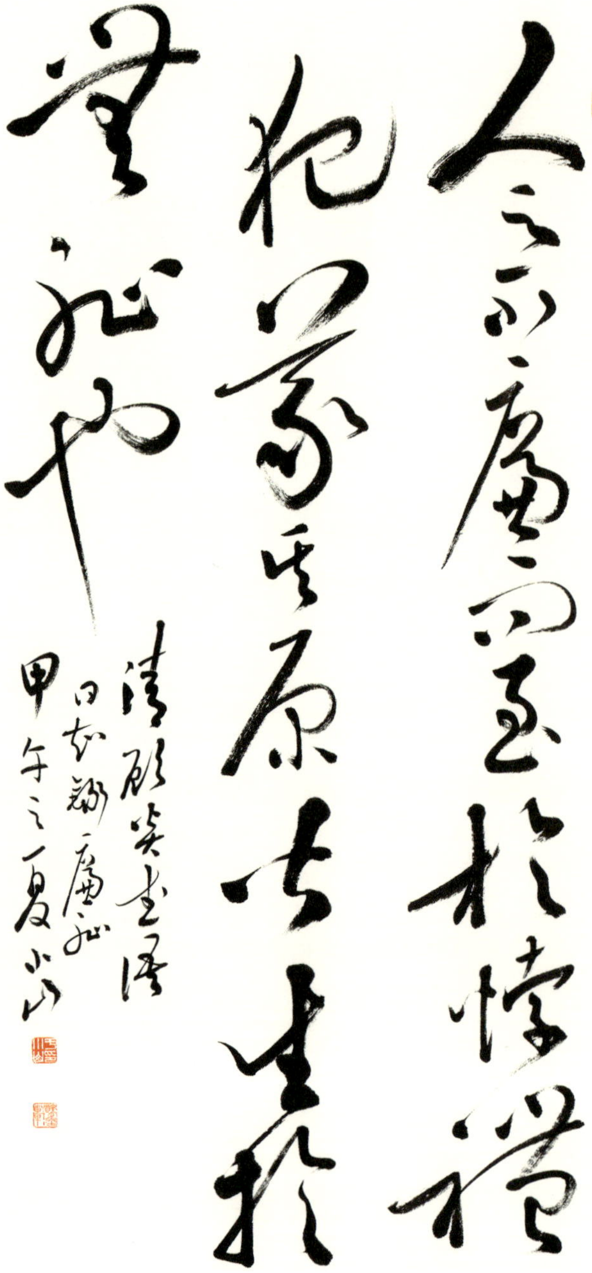

于小山书

人之不廉而至于悖①礼犯②义，其原皆生于无耻也。

（清顾炎武语，《日知录·廉耻》）

【注释】

①悖：违背。

②犯：冒犯。

【解读】

人丧失了廉德，堕落到违背礼法和道义的地步，其原因都在于没有羞耻之心。

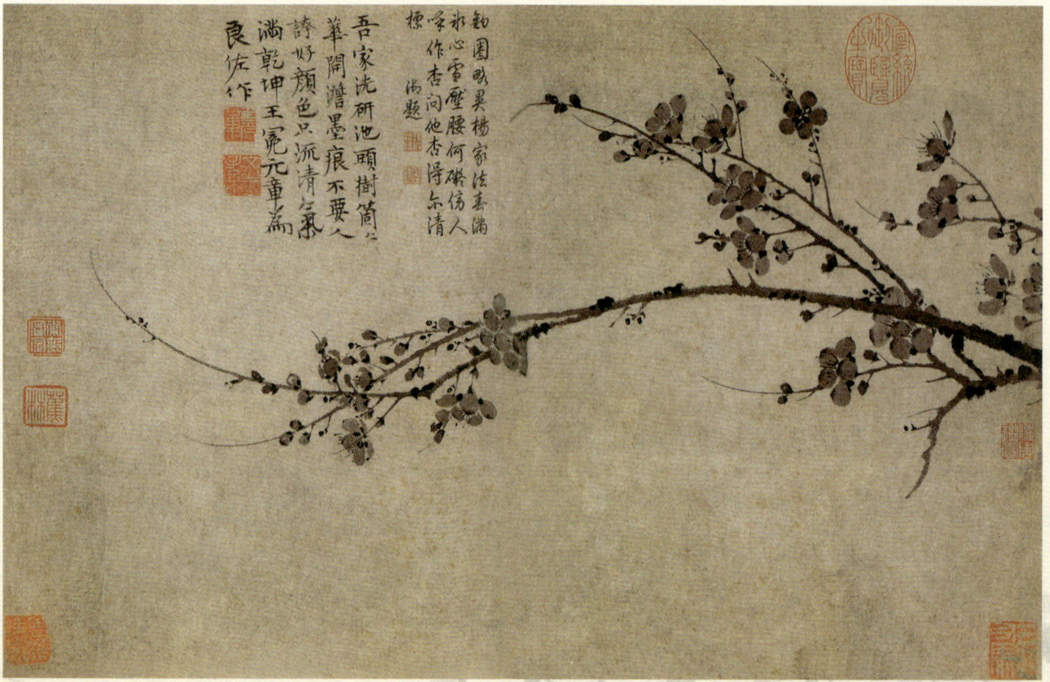

墨梅图

【元】王冕　纸本水墨　50.9cm×31.9cm

北京故宫博物院藏

宋元以来，梅兰竹菊『四君子』题材日渐兴盛，元代王冕的《墨梅图》，写梅花折枝，挺秀舒展，墨点花瓣，洗尽铅华，表现高洁的梅花傲寒开放，其上自题：『吾家洗砚池头树，各各花开淡墨痕。不要人夸好颜色，只留清气满乾坤。』诗画结合，以花拟人，讴歌了高洁的情操。

【第八章】

礼敬

朱培尔　篆刻

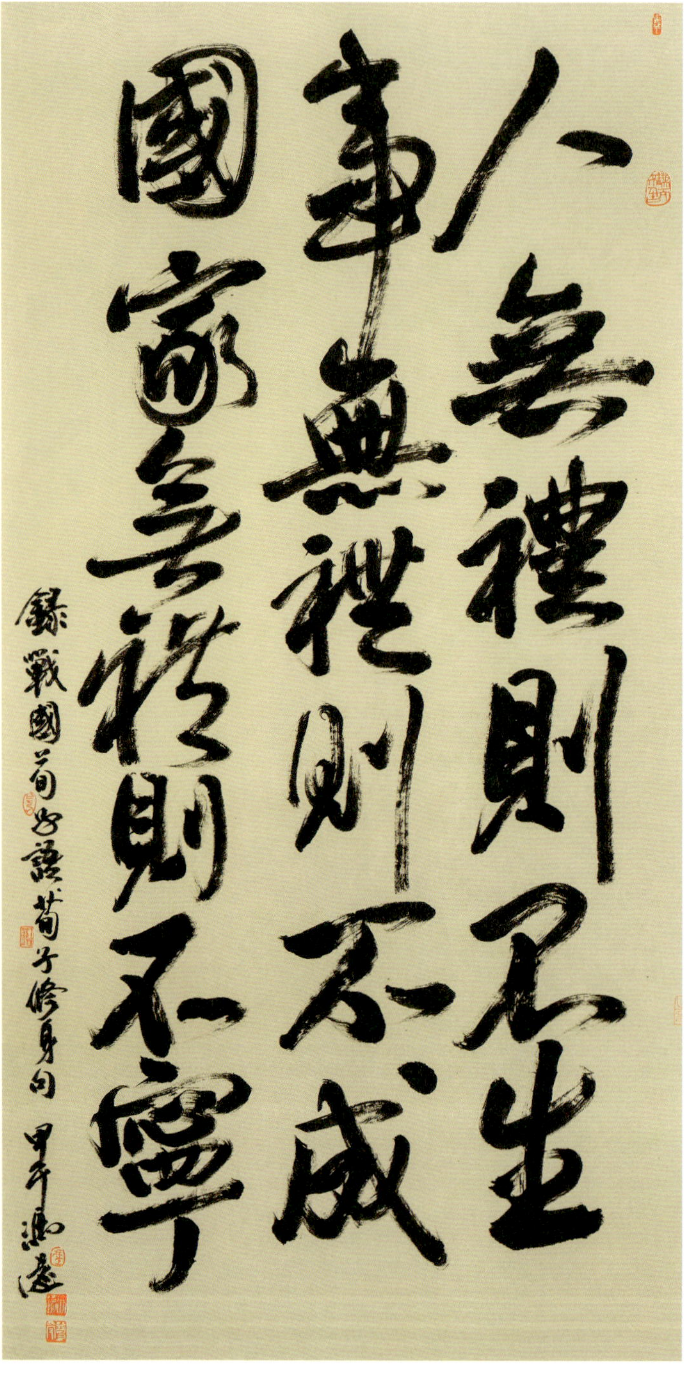
人無禮則不生
事無禮則不成
國家無禮則不寧
錄戰國荀子語 荀子修身句
甲午 馮遠

冯远书

人无礼则不生，事无礼则不成，国家无礼则不宁。

（战国荀子语，《荀子·修身》）

【解读】

做人不懂礼节，就无法生存。做事没有礼节，就无法成功。国家没有礼节规范，就不会安宁。

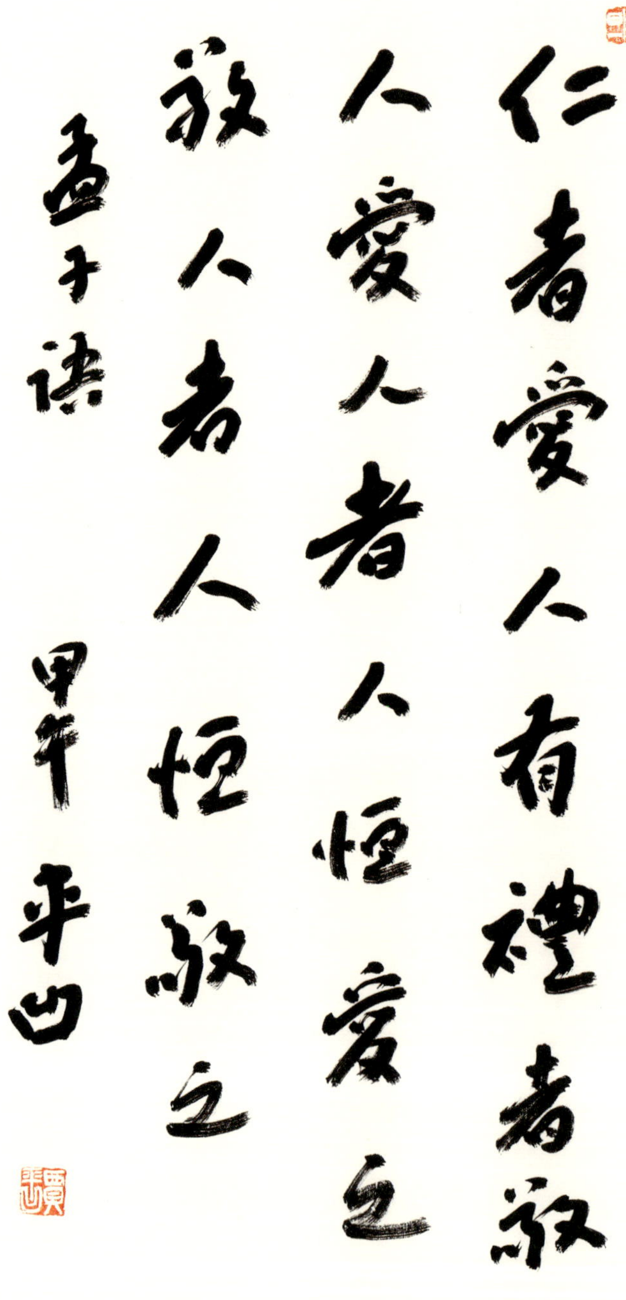

贾平凹 书

仁者爱人，有礼者敬人。爱人者，人恒爱之；敬人者，人恒敬之。

（战国孟子语，《孟子·离娄下》）

【解读】

有仁德的人常怀博爱，有教养的人礼敬他人。爱别人的人，别人也会用爱来回报他；尊敬别人的人，别人也会对他报以敬意。

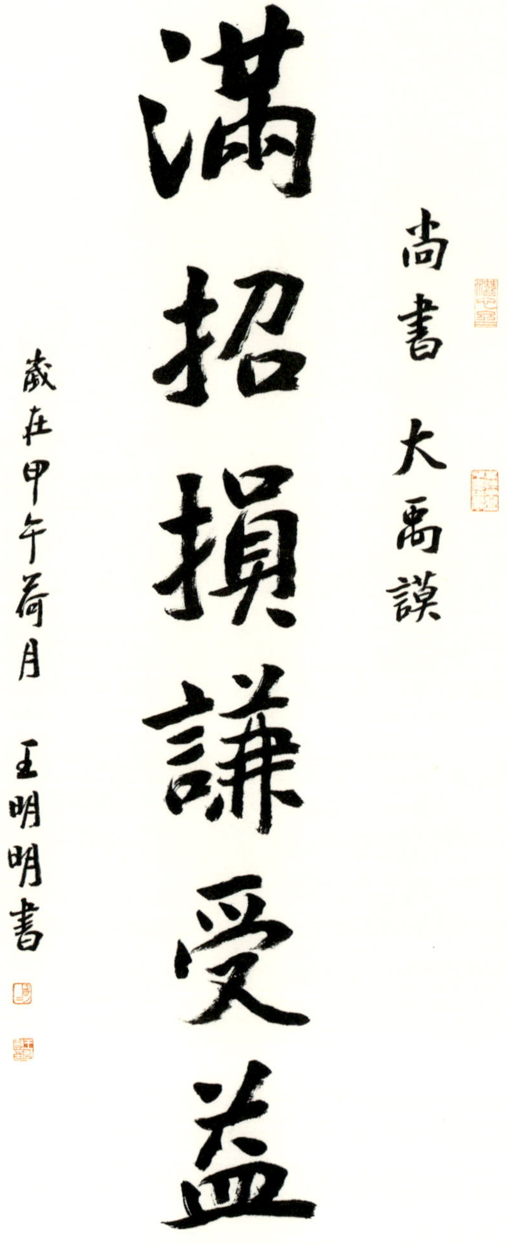

王明明 书

满招损，谦受益。

（《尚书·大禹谟》）

【解读】

骄傲自满会使自己受到损害，谦虚谨慎会使自己受益无穷。

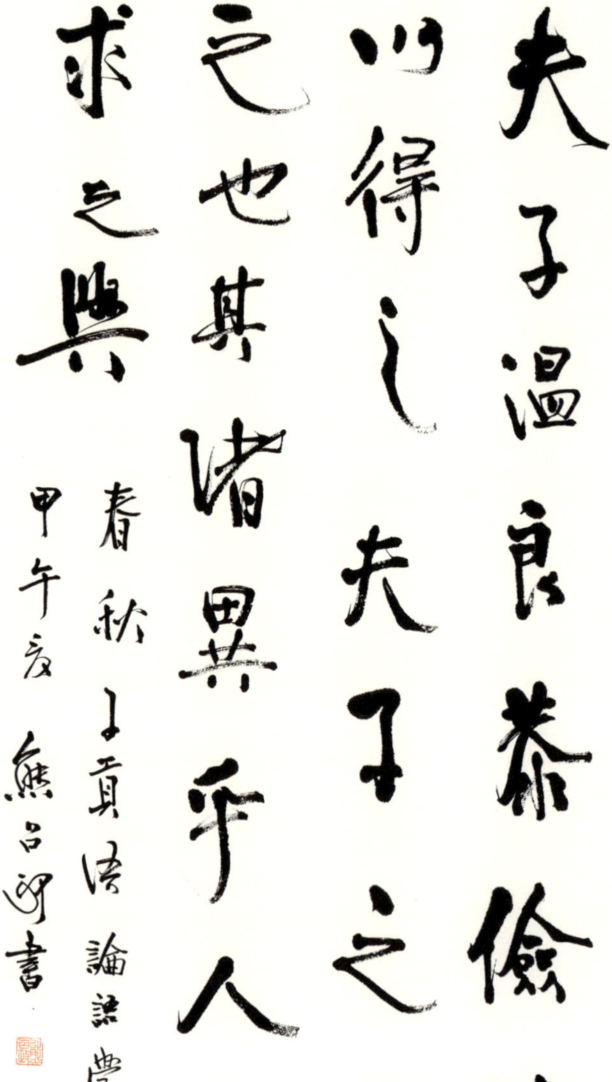
夫子温良恭儉讓
以得之夫子之求
之也其諸異乎人之
求之與
春秋子貢語 論語學而
甲午夏 熊召政書

熊召政 书

夫子温①、良②、恭③、俭④、让⑤以得之。夫子之求之也，其诸⑥异乎人之求之与？

（春秋子贡语，《论语·学而》）

【注释】

①温：温厚。

②良：平易、正直。

③恭：恭敬。

④俭：节制。

⑤让：谦让。

⑥其诸：表达“或许”的语气。

【解读】

孔子与人打交道时，是通过温厚、平易、恭敬、节制、谦让等品格赢得别人的尊重和认同，而不像有些人那样去刻意迎合他人。

徐利明 书

文质彬彬[1]，然后君子。

（春秋孔子语，《论语·雍也》）

【注释】

①彬彬：匀称互补，浑然一体。

【解读】

一个人既要保持质朴的本色，又要有文雅的礼仪修养，这才是君子。

君子敬而無失與人恭而有禮四海之内皆兄弟也

論語顏淵 桑子夏語 甲午夏 劉洪彪

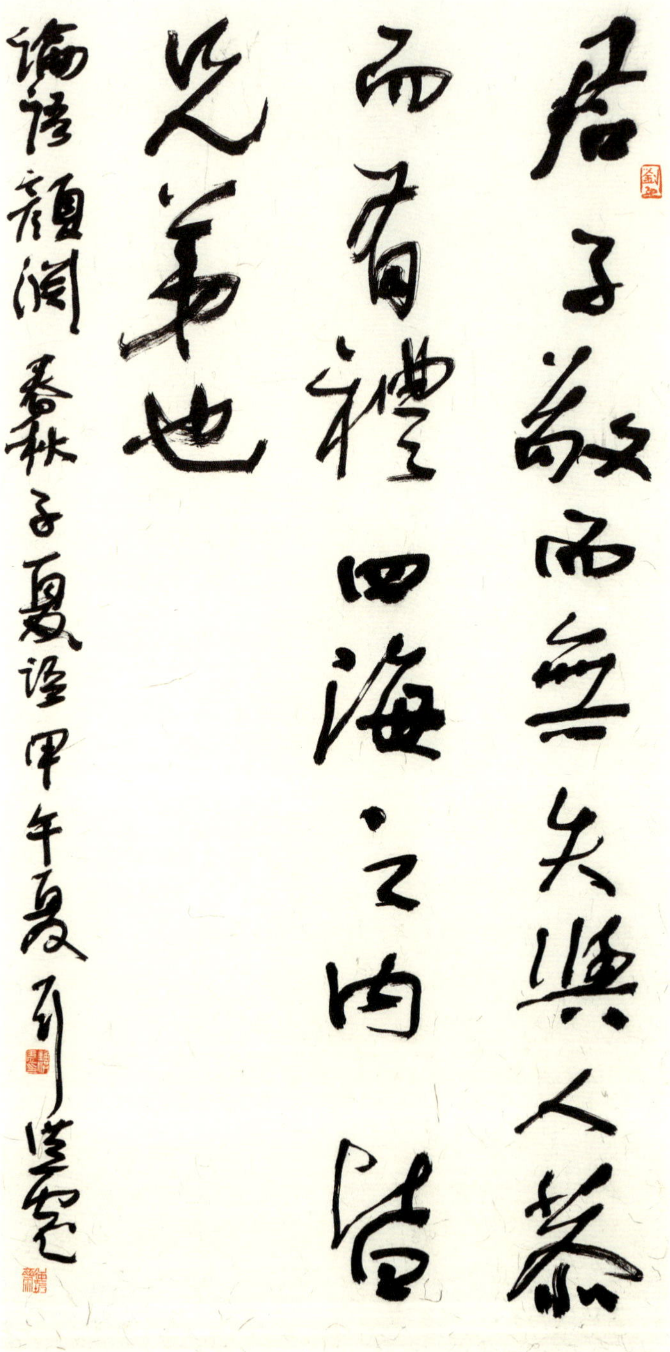

刘洪彪书

君子敬而无失，与人恭而有礼。四海[1]之内，皆兄弟也。

（春秋子夏语，《论语·颜渊》）

【注释】

①四海之内：天下、全国。

【解读】

君子做事严肃认真，不出差错，待人恭敬，不失礼节。普天之下，到处都是自己的兄弟。

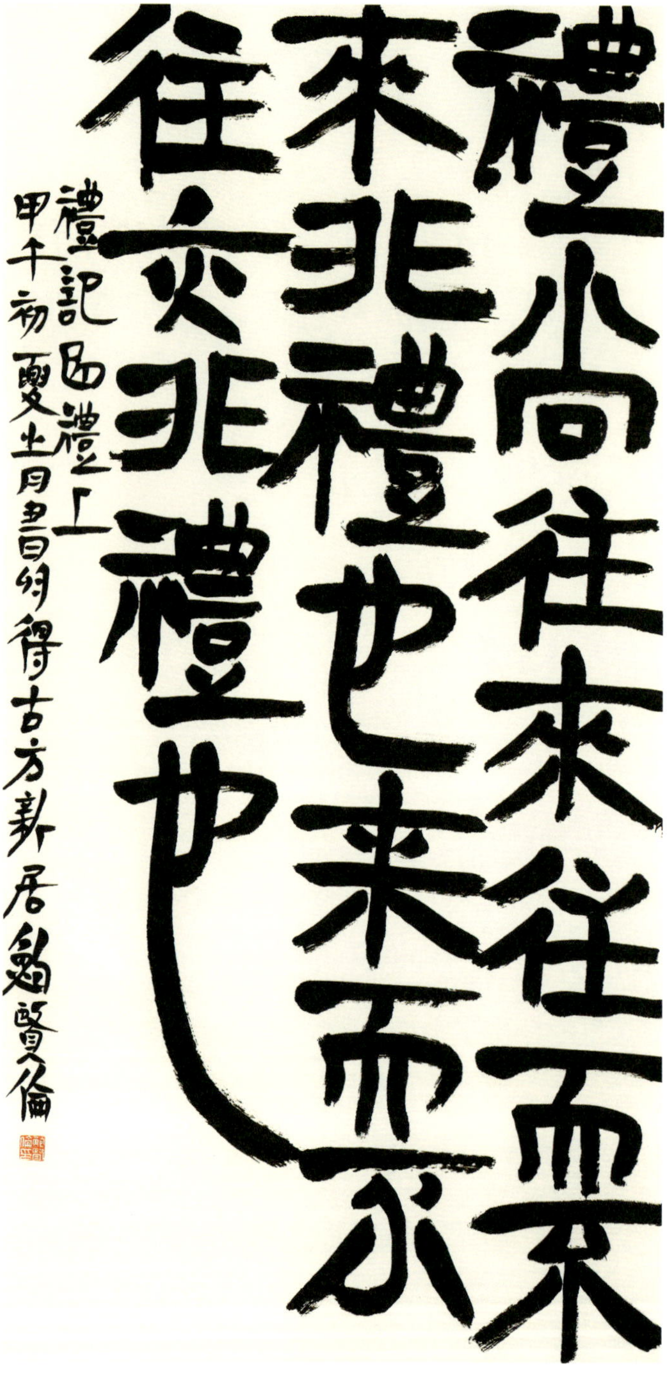
禮尚往來往而不
來非禮也來而不
往亦非禮也
禮記曲禮上
甲午初夏五月五日於得古方新居鮑賢倫

鲍贤伦 书

礼尚[1]往来，往而不来，非礼也；来而不往，亦非礼也。

（《礼记·曲礼上》）

【注释】

①尚：崇尚。

【解读】

人际交往崇尚相互尊重。尊重对方，而对方没有回报，不符合礼节；自己受到尊重，而不回报对方，也不符合礼节。

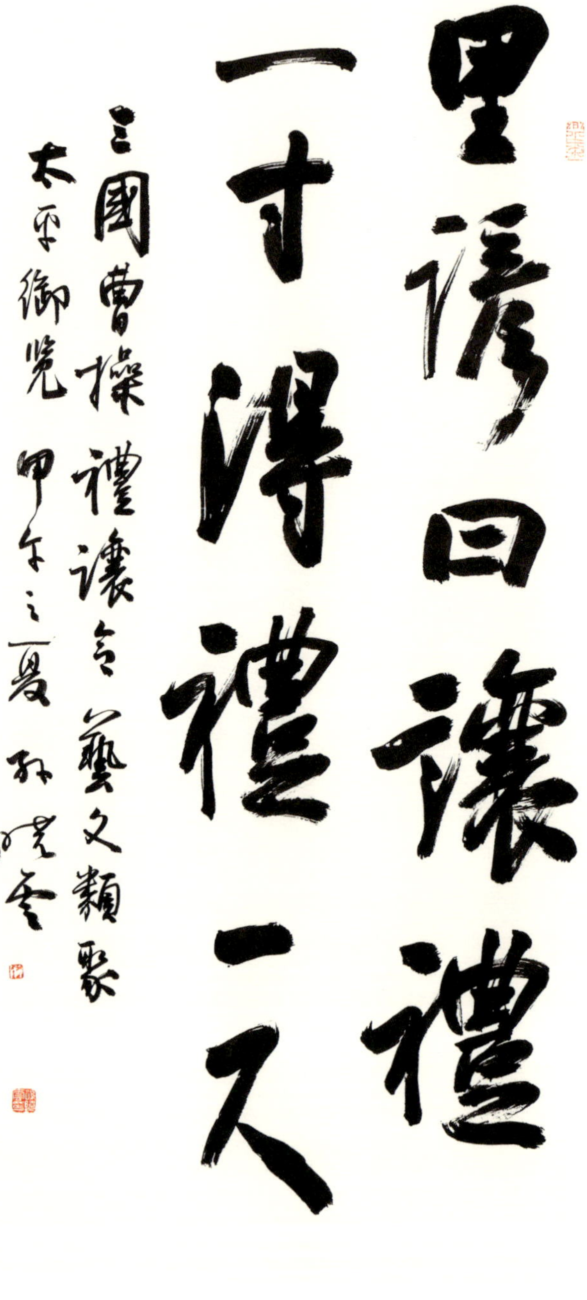
里諺曰讓禮
一寸得禮一尺
三國曹操禮讓令 藝文類聚
太平御覽 甲午之夏 孫曉雲

孙晓云 书

里谚曰：“让礼一寸，得礼一尺。”

（三国曹操《礼让令》，《艺文类聚》《太平御览》）

【解读】

民间谚语说：“你让人一寸，人家会让你一尺。”这句谚语的意思是做人要懂得谦让。

衙斋竹图

【清】郑燮　纸本水墨　140.5cm×37.3cm

苏州博物馆藏

传统的墨竹绘画，从来象征虚心高节。清代郑燮更是画墨竹的大家，不仅经常以竹子的品格自励自况，而且在《衙斋竹图》里表现了关心民瘼的真挚感情。他通过『衙斋卧听萧萧竹，疑是民间疾苦声，些小吾曹州县吏，一枝一叶总关情』的题诗，强调了『以民为本』的官德。

【第九章】

勤俭

王　丹　篆刻

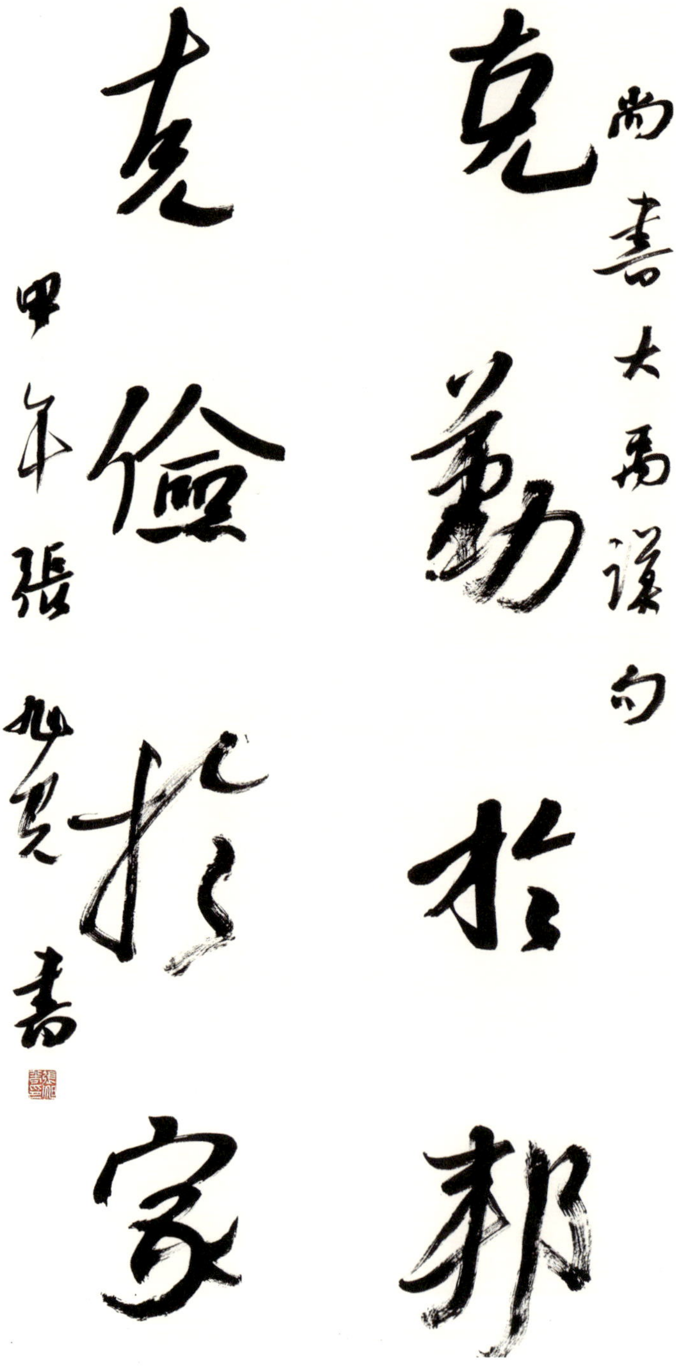

张旭光 书

克①勤于邦，克俭于家。

（《尚书·大禹谟》）

【注释】

①克：能够。

【解读】

对于国事，能够勤劳尽职；对于家事，能够节俭持家。这是古代贤者的风范。

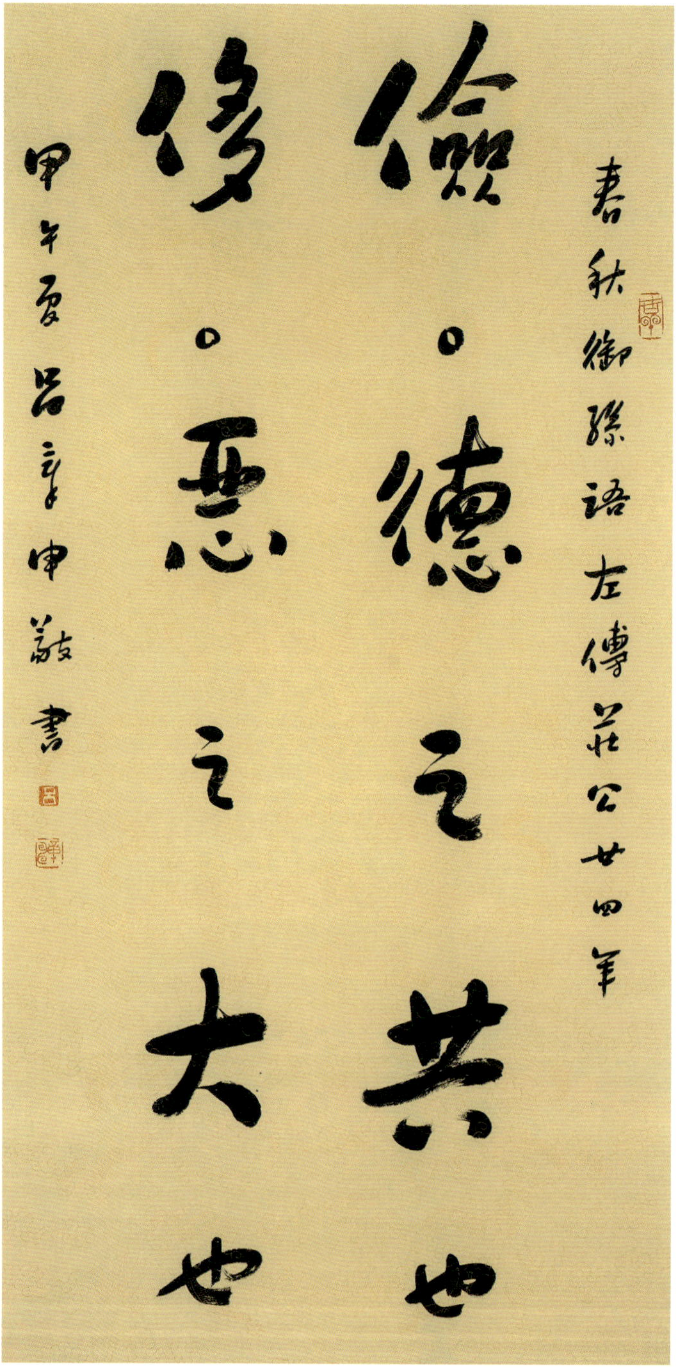

吕章申 书

俭，德之共也；侈，恶之大也。

（春秋御孙语，《左传·庄公二十四年》）

【解读】

节俭，是每个人都应当具备的美德；奢侈浪费，是最大的恶习。

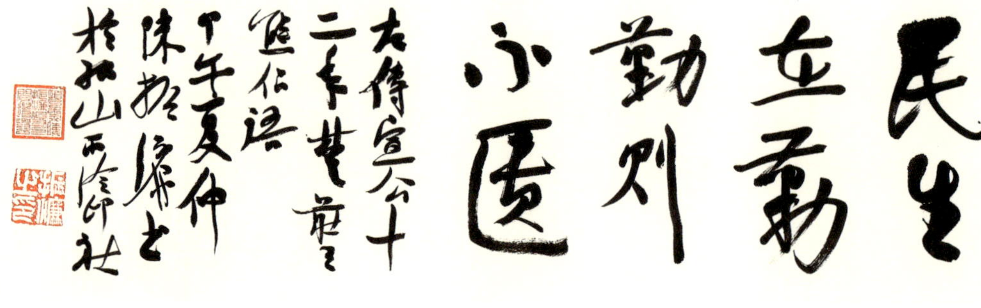

陈振濂 书

民生在勤，勤则不匮①。

（春秋楚庄王熊侣语，《左传·宣公十二年》）

【注释】

①匮：匮乏。

【解读】

百姓的生计在于辛勤劳作，只有勤于劳作，财物才不会匮乏。

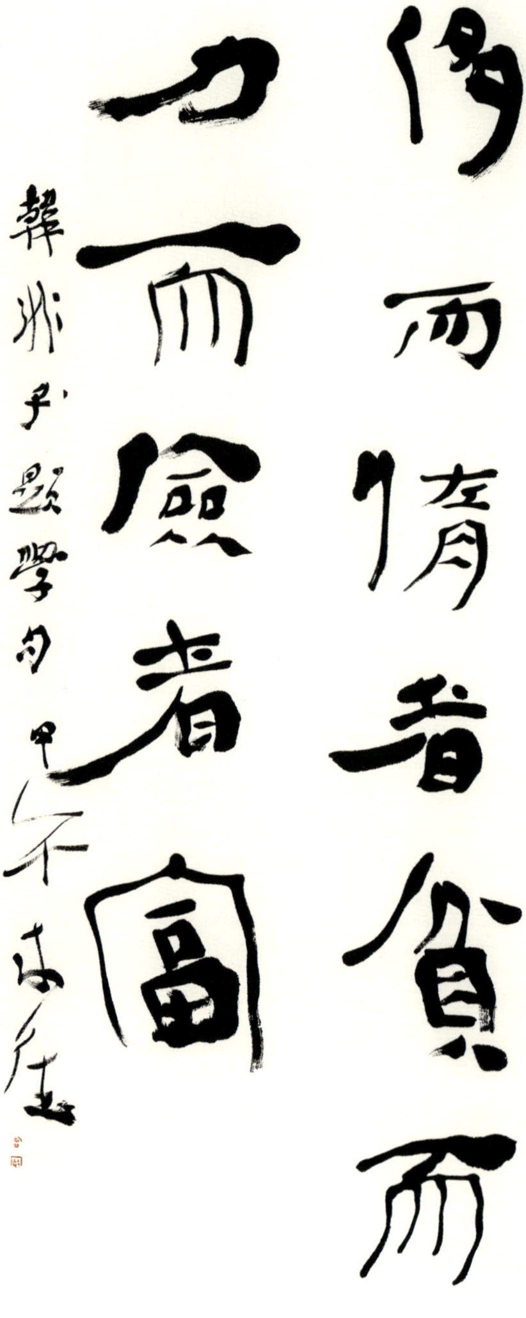

曾来德 书

侈而惰者贫，而力而俭者富。

（战国韩非子语，《韩非子·显学》）

【解读】

既奢侈又懒惰的人就会贫穷，既努力又节俭的人就会富足。

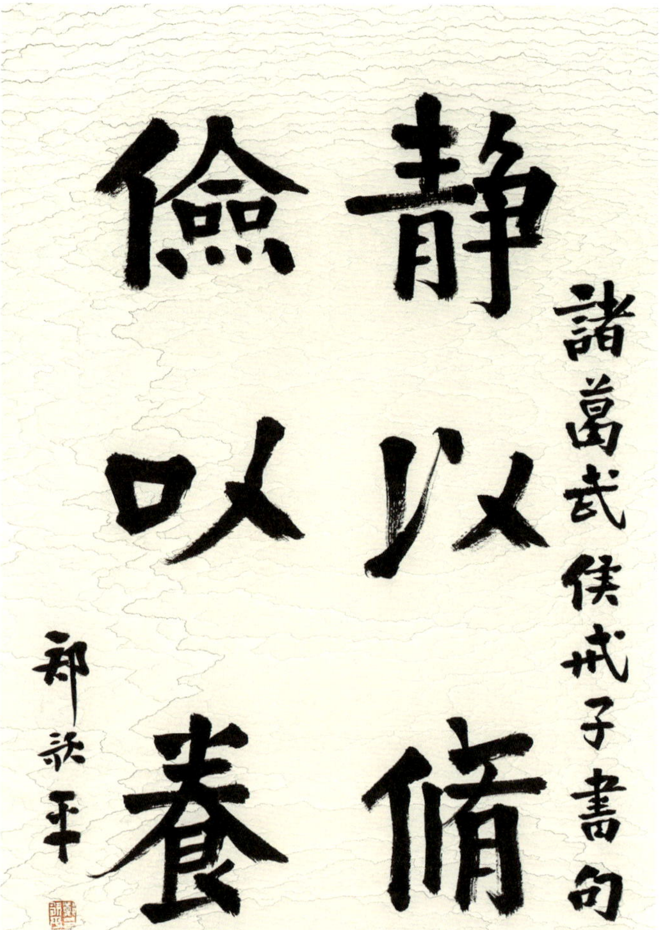

郑歌平 书

静以修身，俭以养德。

（三国诸葛亮语，《诫子书》，《诸葛亮集》）

【解读】

用宁静淡泊来修养身心，用节俭朴素来涵养道德。

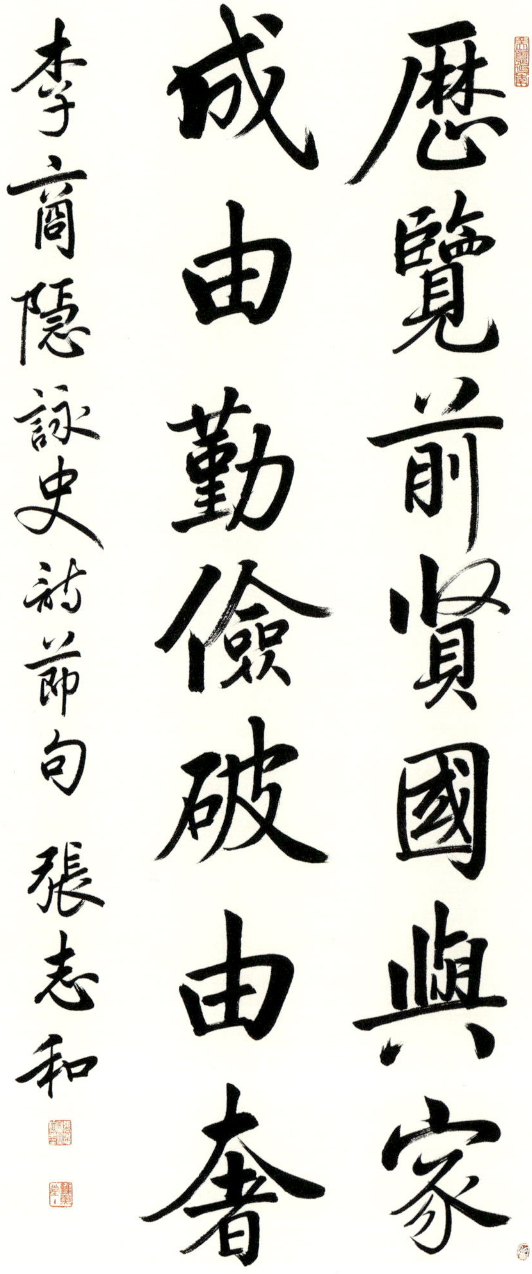
歷覽前賢國與家
成由勤儉破由奢
李商隱詠史詩節句 張志和

张志和 书

历览前贤国与家，成由勤俭破由奢。

（唐李商隐语，《咏史》，《玉溪生诗集》）

【解读】

纵观历史，国家、家庭和有作为的人，其成功往往是因为勤俭，其破败往往是因为奢侈。

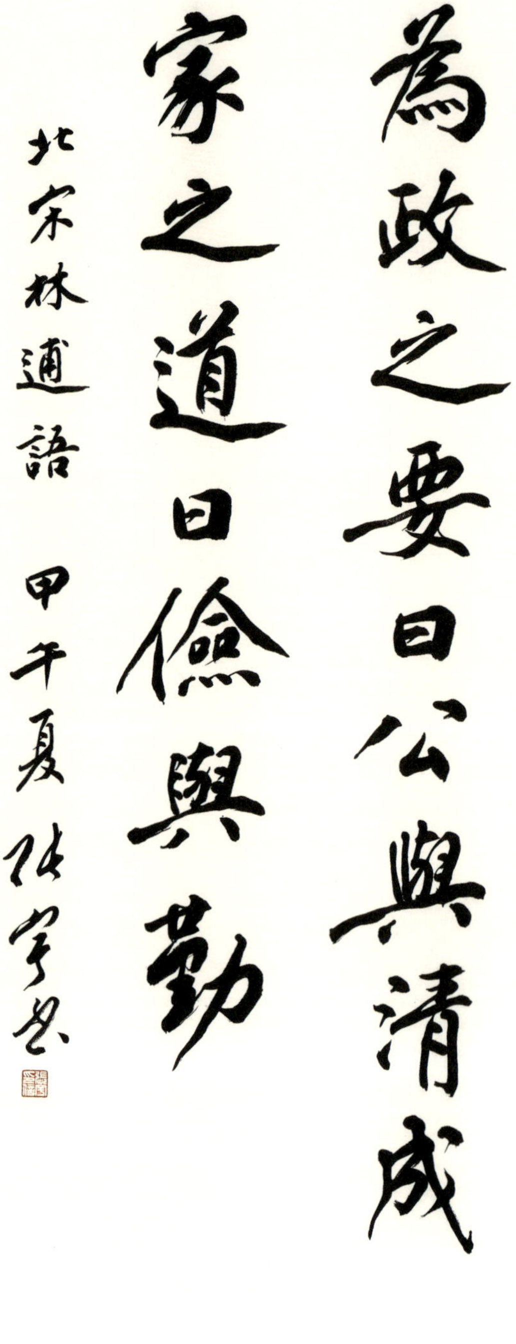
爲政之要曰公與清
成家之道曰儉與勤
北宋林逋語
甲午夏张宇书

张宇书

为政之要，曰公与清；成家之道，曰俭与勤。

（北宋林逋语，《省心录》）

【解读】

从政的关键是公正与清廉；持家的根本是俭朴与勤劳。

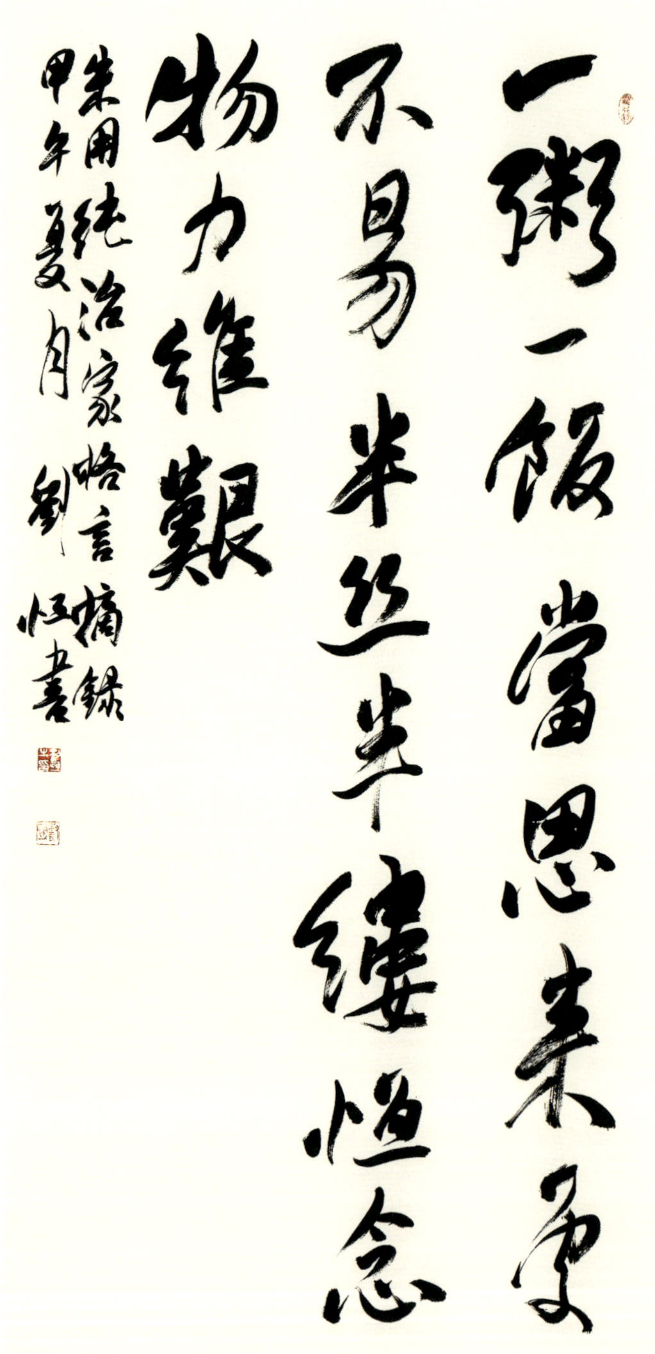

刘恒书

一粥一饭，当思来处不易；半丝半缕，恒念物力维①艰。

（清朱用纯语，《朱柏庐治家格言》）

【注释】

①维：是。

【解读】

一碗粥、一顿饭，都应当想到耕种的不易；半根丝、半缕线，都应当想到物品得来的艰辛。

庐山高图

【明】沈周　纸本设色　193.8cm×98.1cm

台北故宫博物院藏

沈周的《庐山高图》并非写实之作，是画家“因心造境”的理想山水，为的是送给老师陈宽作为寿礼。由于陈宽祖籍江西，沈周便描绘想象中的庐山，在题跋中将陈宽比作孔子的学生仲弓，以庐山之高象征师德的高尚，以山之峨峨、水之汤汤，暗喻师德的山高水长。

【第十章】

中和

张公者　篆刻

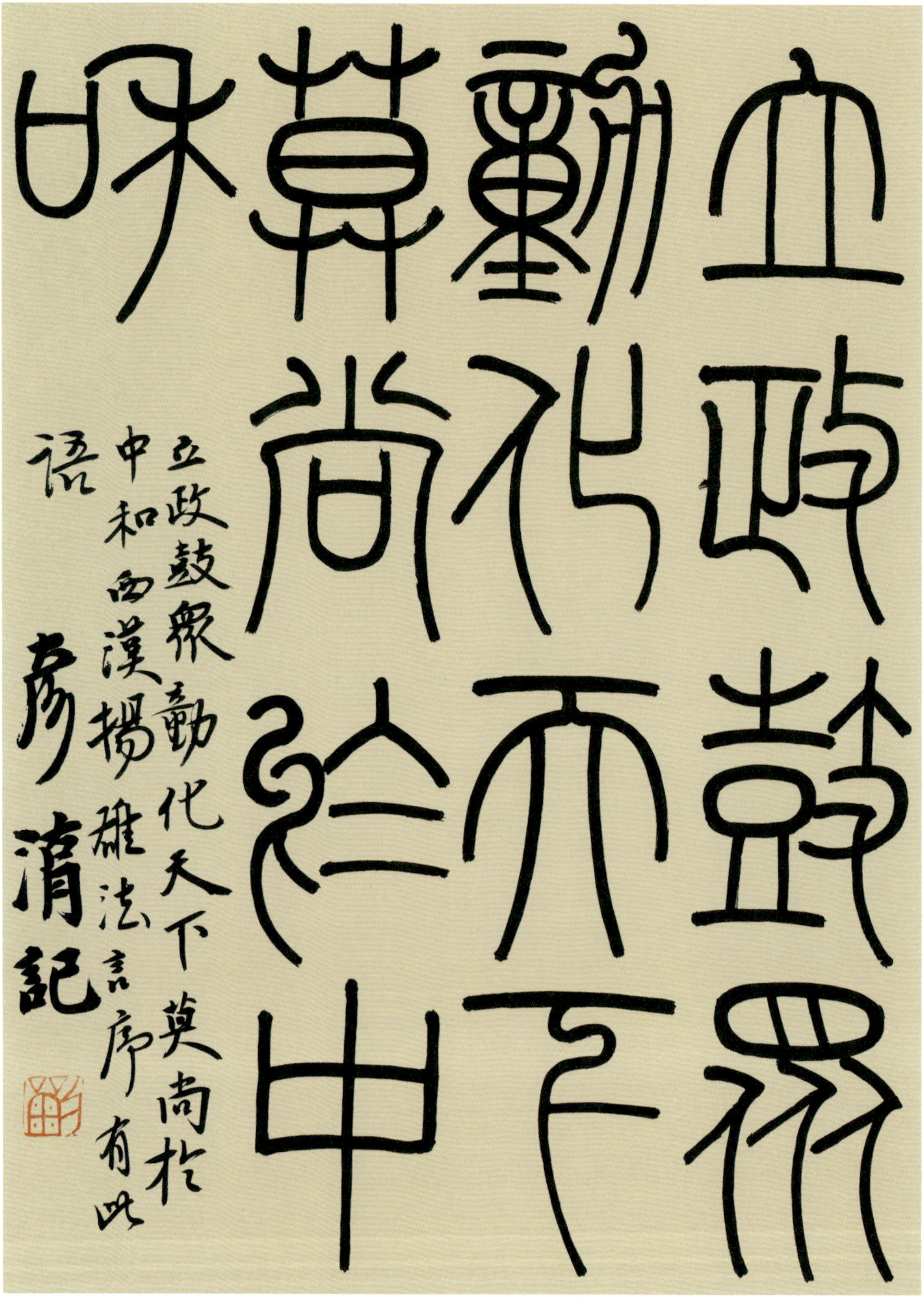
立政鼓衆動化天下莫尚於中和
立政鼓衆動化天下莫尚於
中和西漢揚雄法言序有此
語
彦清記

刘彦湖 书

立政鼓[1]众，动化天下，莫尚[2]于中和。

（西汉扬雄语，《法言序》）

【注释】

①鼓：鼓舞。

②尚：通“上”。

【解读】

立政治国，鼓舞万民，化成天下，没有比“中和”更重要的了。

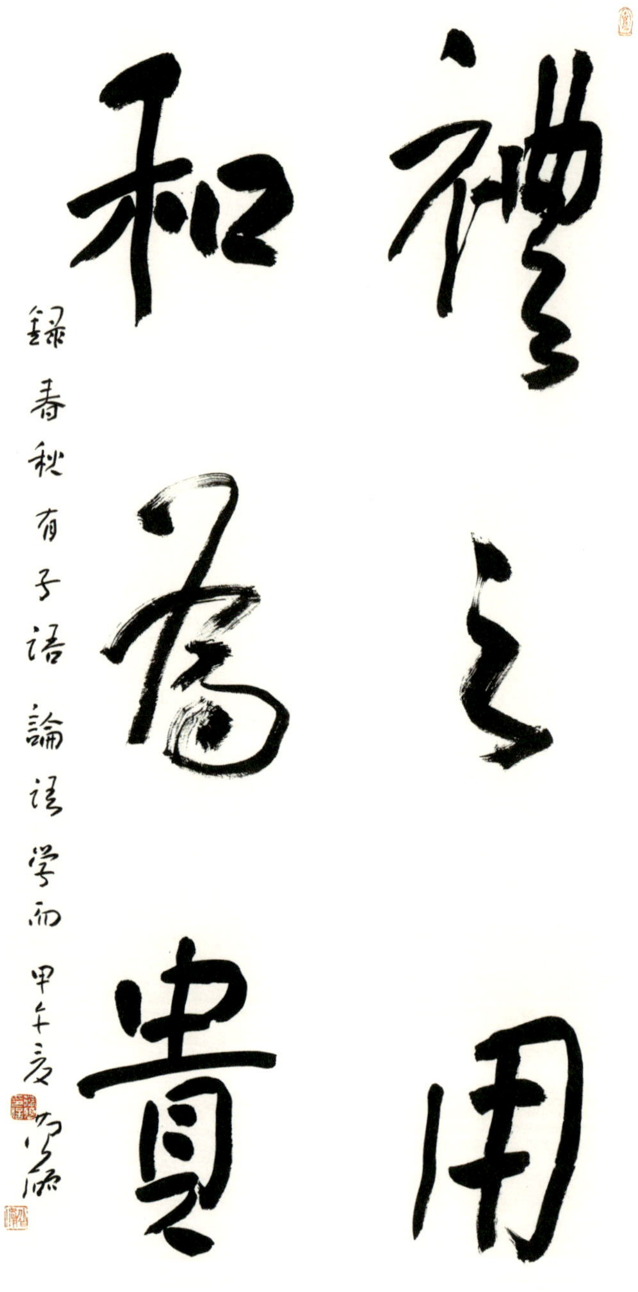
禮之用
和為貴
録春秋有子語論語學而
甲午夏

范硕书

礼之用①，和②为贵。

（春秋有子语，《论语·学而》）

【注释】

①用：功能、作用。

②和：和谐。

【解读】

礼的功用，以和谐为可贵。

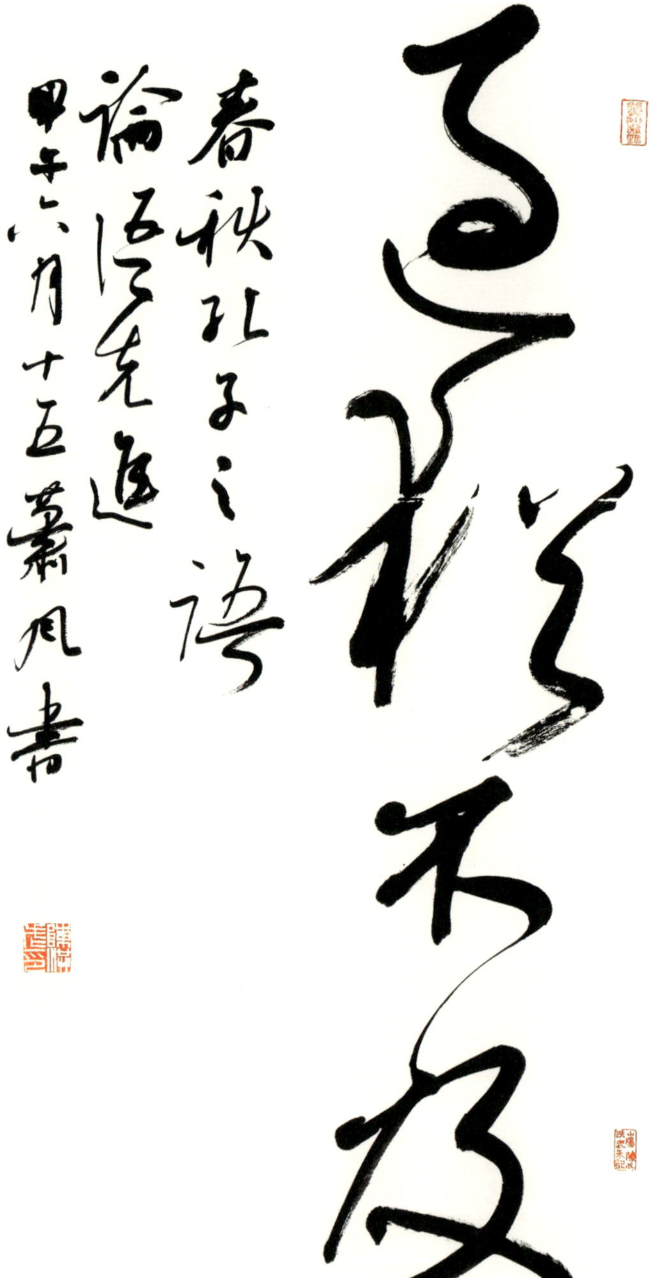

陈洪武 书

过犹不及。

（春秋孔子语，《论语·先进》）

【解读】

过度和达不到，同样都是不好的。

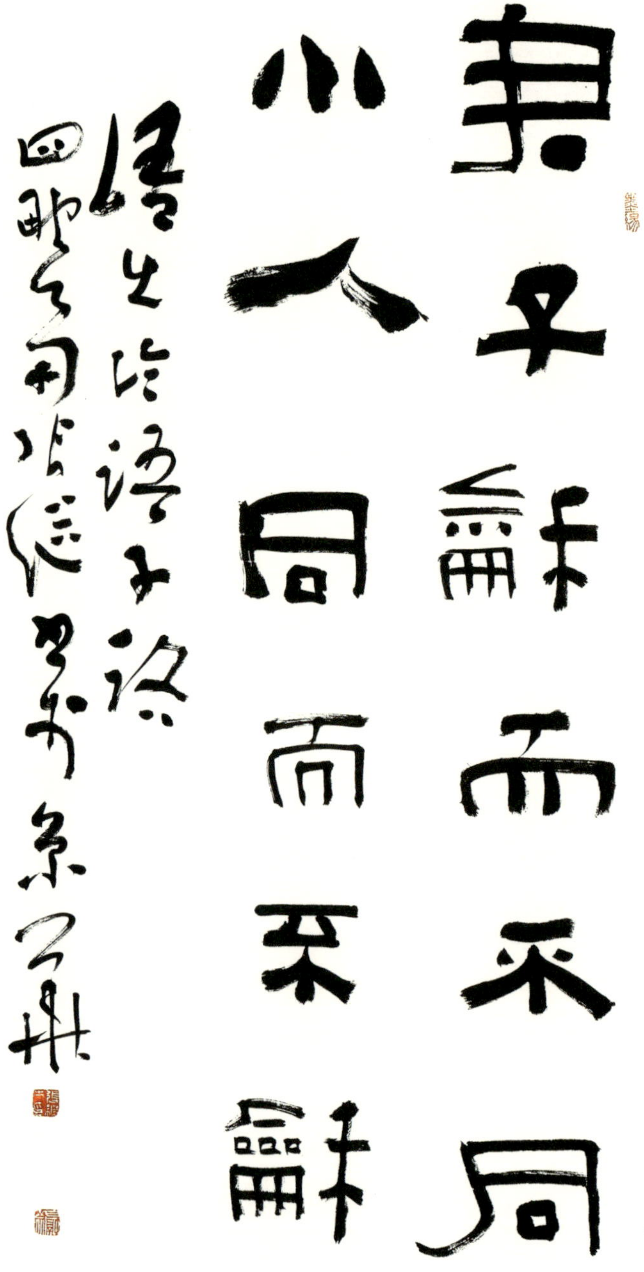
君子和而不同
小人同而不和

张继书

君子和①而不同②，小人同而不和。

（春秋孔子语，《论语·子路》）

【注释】

①和：和睦。

②同：完全一样，毫无差别。

【解读】

君子追求和谐，尊重差异，求同存异；小人盲从附和，排斥差异。

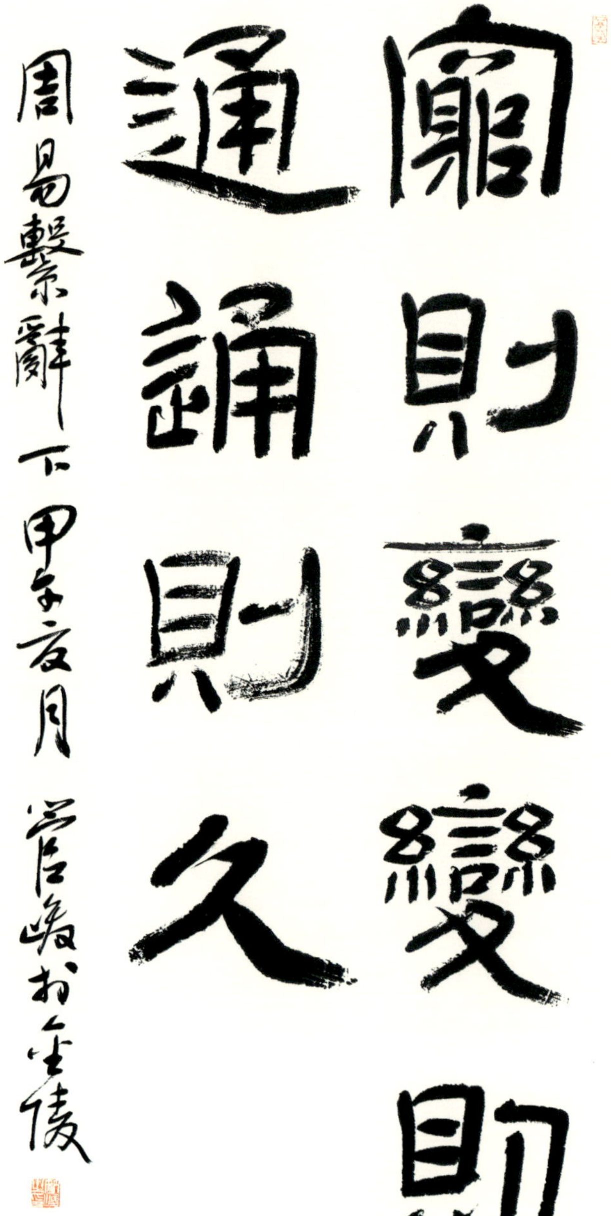
窮則變
變則通
通則久
周易繫辭下
甲午夏月
管峻書於金陵

管峻书

穷[1]则变，变则通，通则久。

（《周易·系辞下》）

【注释】

①穷：事物发展到了极点。

【解读】

事物到了极点就会变化，变化之后就会通畅，通畅之后便会长久。

天时不如地利，地利不如人和

老子三孙丑八 荷香庵鲁忠

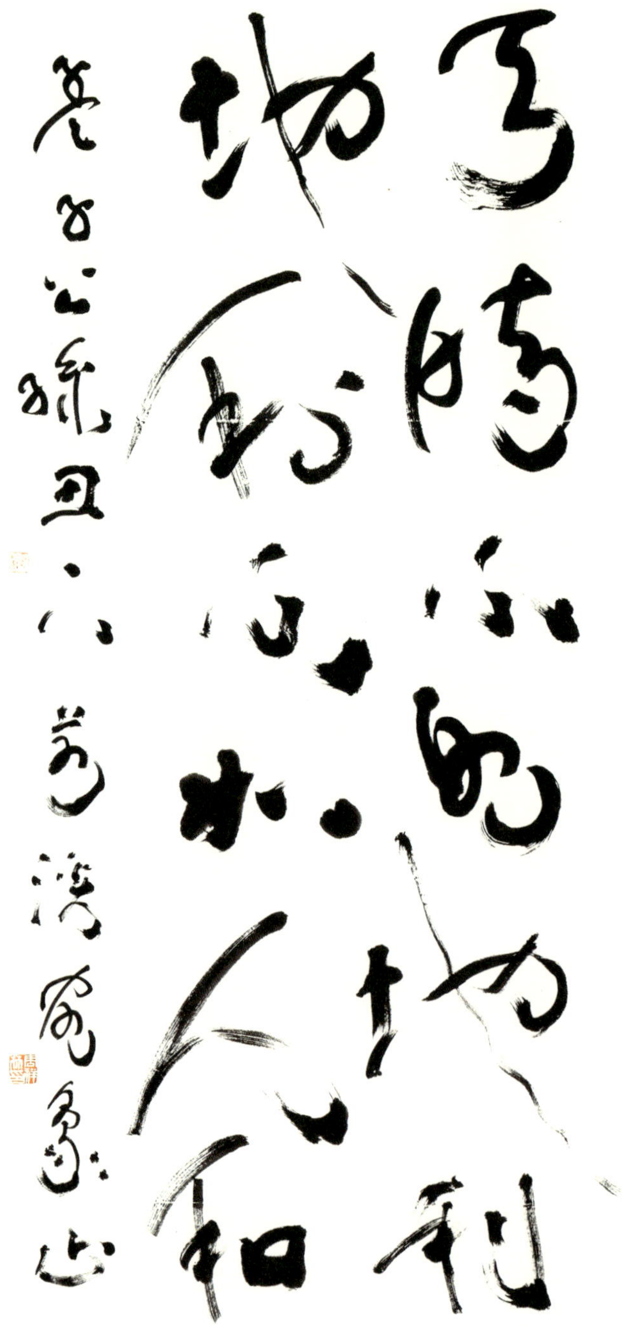

周祥林
书

天时不如地利，地利不如人和。

（战国孟子语，《孟子·公孙丑下》）

【解读】

有利的天时不如有利的地势，有利的地势不如众人的团结。

君子尊德性而道問學
致廣大而盡精微極高
明而道中庸

節錄禮記中庸
甲午夏日斯琴

韦斯琴 书

君子尊德性而道问学①，致广大而尽精微，极高明而道中庸②。

（《礼记·中庸》）

【注释】

①问学：求教、学习。

②中庸：中，不偏不倚。庸，恒常。

【解读】

君子既要尊崇德性修养，又要重视探究学问；既要追求宽宏和广博，又要达到精细和微妙；既要达到最高远、最光明的境界，又要不偏不倚，恪守常道。

執其兩端用其中於
民莫莫斯以爲蕘乎

禮記中庸
甲午夏五望日
三才圖世夫師必省書

韓必省 书

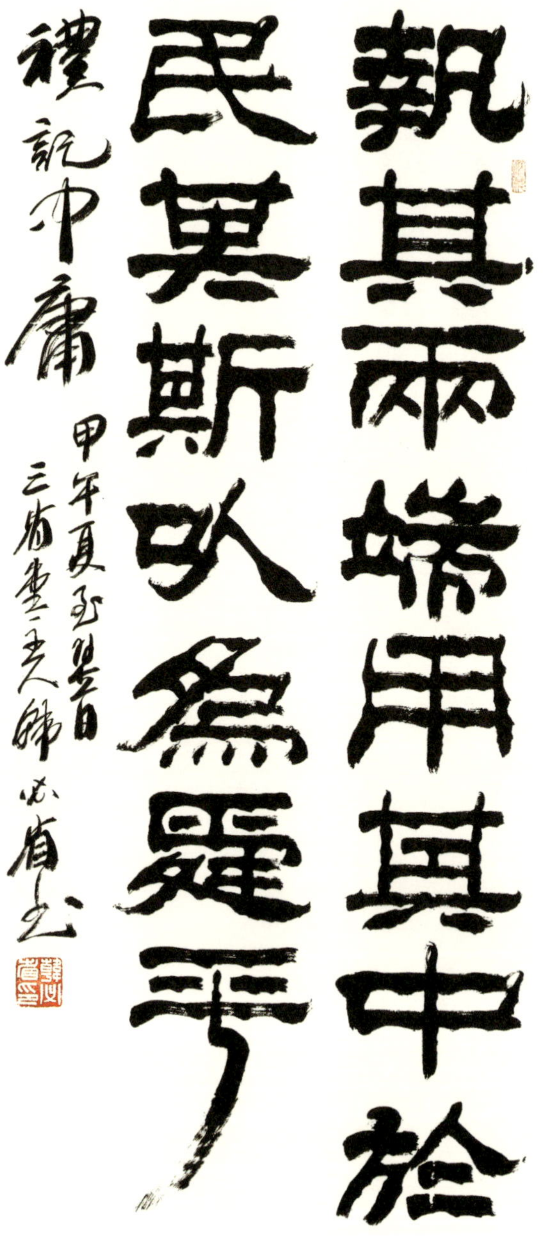

执[1]其两端[2]，用其中[3]于民，其斯以为舜乎！

（《礼记·中庸》）

【注释】

①执：把握。

②两端：指“过分”和“不及”两个极端。

③中：不偏不倚，适当。

【解读】

把握并避免“过分”和“不及”两个极端，用不偏不倚的方式处理民事，这样做大概就达到了舜帝的境界了吧！

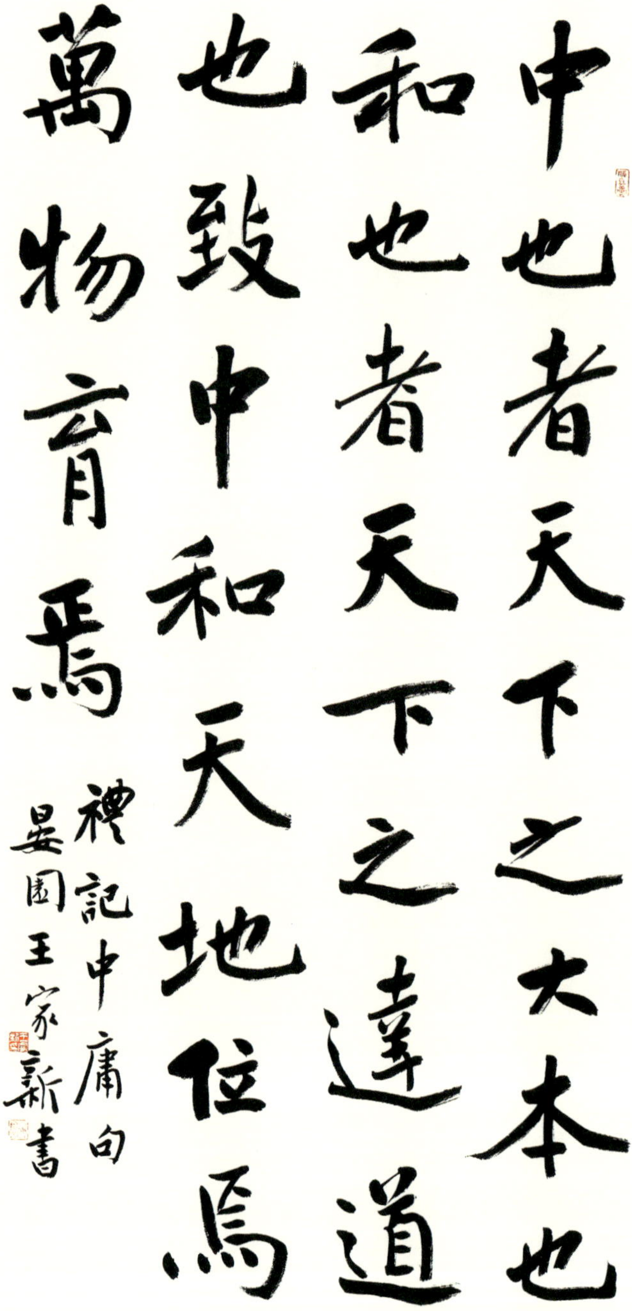
中也者天下之大本也
和也者天下之達道也
致中和天地位焉
萬物育焉
禮記中庸句
晏園王家新書

王家新 书

中也者，天下之大本①也；和也者，天下之达②道也。致③中和，天地位④焉，万物育⑤焉。

（《礼记·中庸》）

【注释】

①大本：根本，大道的本质。

②达：通达，毫无阻滞。

③致：推求、到达。

④位：占据应有的位置。

⑤育：孕育、萌生。

【解读】

不偏不倚是万事万物得以生成发展的根本，和谐是万物共生的规律。达到“中和”，天地就能发挥其应有的作用，万事万物就能和谐共生。

后 记

为提高本书的学术水平和现实针对性，国务院参事室、中央文史研究馆组成了《中华传统美德壹百句》编委会，陈进玉、袁行霈为主任，方宁、王明明、王卫民和冯远为副主任。同时，邀请十七位著名学术大家担任本书的学术顾问。

挖掘和整理中华传统美德中有关私德和人格养成的丰富资源，是一项颇具探索性和创新性的工作。本书选取的一百句，分为十个德目，每一德目的选句基本上按年代顺序编排，同时选取现实针对性较强的句子作为领句。

本书的编辑，参考了《十三经注疏》《新编诸子集成》《史记》《汉书》《后汉书》《三国志》等经典著作和丛书，注释和解读参考了杨伯峻等先生的注本。

本书的编辑出版得到了中央有关部门负责同志的关心和指导。在编辑过程中，许嘉璐、王蒙、袁行霈、程毅中、傅璇琮、陈祖武、刘梦溪、陈来、于丹等文史专家反复推敲遴选，核校注解；饶宗颐先生为本书题写了书名；李岚清同志篆刻了本书的书名；薛永年先生选配了十幅传世古画并亲自撰写了解读；著名书法家和篆刻家为本书专门创作书法、篆刻作品（按年龄排序）；各省、自治区、直辖市政府参事室、文史研究馆和孔子学院总部，以及北京四中、中国人民大学附属中学、北京第二实验小学等中小学的教师，对本书内容提供了有价值的意见；人民出版社和北京雅昌艺术印刷有限公司付出了辛劳，在此一并表示衷心的感谢！

国务院参事室所属的中国国学研究与交流中心副主任李文亮及朱翔非、梁治国、陈博涵，中华书画家杂志社张公者等同志参与了本书的具体编辑工作。

本书编委会

2014 年 9 月

责任编辑：张　旭
装帧设计：沈　康

图书在版编目（CIP）数据

中华传统美德壹百句 / 国务院参事室，中央文史研究馆编 . —北京：人民出版社，2014
ISBN 978-7-01-013632-5

Ⅰ . ①中… Ⅱ . ①国… ②中… Ⅲ . ①品德教育—中国—通俗读物 Ⅳ . ① D648-49

中国版本图书馆 CIP 数据核字（2014）第 120199 号

中华传统美德壹百句

ZHONGHUA CHUANTONG MEIDE YI BAI JU

国务院参事室　中央文史研究馆　编

人民出版社　出版发行

（100010　北京市东城区隆福寺街 99 号）

北京雅昌艺术印刷有限公司印刷　新华书店经销

2014 年 9 月第 1 版　2015 年 1 月北京第 3 次印刷

开本：710 毫米 ×1000 毫米　1/16　印张：14.5

字数：230 千字

ISBN 978-7-01-013632-5　定价：180 . 00 元

邮购地址　100010　北京市东城区隆福寺街 99 号

人民东方图书销售中心　电话（010）65250042　65289539